Anne Philipe

Un été
près de la mer

Gallimard

Anne Philippe a déjà publié un *Gérard Philipe*, en collaboration avec Claude Roy. Elle est également l'auteur d'un récit ethnographique : *Caravanes d'Asie*. Quatre autres textes, *Le Temps d'un soupir, Les Rendez-vous de la colline, Ici, là-bas, ailleurs, Spirale* et le roman *Un été près de la mer*, apportent au lecteur, avec une singulière présence, l'inquiétude, le bonheur qui vacille, la mort derrière les êtres et les choses. Comme l'écrit le critique Matthieu Galey : « Quand elle vous regarde, on a l'impression qu'elle voit derrière vous quelqu'un d'autre, qu'elle entend les mots qu'on ne dit pas, et c'est ainsi qu'elle écrit, en musicienne de l'impalpable. »

I

Elsa se tenait immobile, les yeux fermés, le sommeil lentement la quittait, sa conscience remontait comme un ludion. Le silence lui devint perceptible puis au loin, vers le nord-ouest, elle entendit le roulement sombre du tonnerre. Se rendormir, ne pas entendre l'orage s'il se rapproche. Elle rôda autour du sommeil :

Les cygnes blancs au-dessus de la Tweed, en Écosse. Elle est en haut de la colline, à ses pieds la rivière coule de droite à gauche, les oiseaux blancs la survolent de gauche à droite. Le silence, la douceur de ces deux mouvements croisés. L'eau glisse comme une ardoise moirée jusqu'à une cascade, loin, avant l'amorce d'une large courbe, puis déferle vers le rivage d'un îlot où vivent, entre les roseaux et les arbres, des

9

colonies d'oiseaux. Elsa descend la colline, longe la berge. Attend. Les cygnes réapparaissent, cette fois ils se laissent emporter par le courant, ils passent devant elle et elle voit battre leurs palmes orange. Au bord de la cascade, ils ouvrent leurs ailes et planent jusqu'à l'îlot. Elle se rapproche d'eux, la rumeur de l'eau croît — ou est-ce un nouveau roulement de tonnerre — elle continue à marcher dans les herbes et la boue de plus en plus profonde, elle revient sur ses pas, s'arrête, se retourne : là-bas les cygnes se rassemblent, ils reviennent, traversent la buée d'opale qui flotte au-dessus de la chute d'eau et se posent presque en face d'elle. Ils luttent contre le courant et soudain se préparent à un nouvel envol, leurs corps se dressent, droits, ils brassent l'air à larges battements avec une énergie puissante jusque-là insoupçonnée, et le bruit de ces battements ressemble au grondement de la cascade et au long éclat sourd de l'orage. Ils s'élèvent lentement, se replacent à l'horizontale, allongent le cou et la tête, replient les pattes, décrivent un cercle au-dessus d'Elsa puis le brisent, prennent l'axe de la rivière vers l'aval et s'éloignent

10

dans le ciel gris pâle. Elle a vu et entendu vibrer leurs ailes. Maintenant ils sont loin, ils ont retrouvé leur grâce immatérielle.

Elle leur ressemble, la femme nue, étendue sur le rocher où vient se briser la mer, elle a leur douceur quand ils se laissent dériver sur l'eau ou traversent l'espace. Mort aujourd'hui, l'ami aux yeux sombres, entre la châtaigne et l'onyx, où passaient des éclairs de tristesse. Il s'était levé, avait marché lentement vers son secrétaire et pris une pochette de cuir dont il avait retiré une photo : « Regarde comme elle était belle ! » disait-il. Belle comme un cygne blanc, avait pensé Elsa. La jeune femme était allongée sur le rocher, la tête inclinée, cou, épaules, bras, mains dessinaient un large V d'ailes mi-déployées, pas un os, pas un angle, le ventre et les flancs étaient fragiles, une jambe était étendue, l'autre légèrement repliée ; les yeux à demi fermés regardaient l'objectif : « Regarde-moi ! » et elle avait entrouvert les yeux sur lui qui la photographiait pour garder une image du temps du désir.

Celle qui avait été si belle, si blanche, arrosait le jardin et nourrissait les tortues

11

tandis qu'ils regardaient la photo dans la petite maison athénienne.

Un premier éclair traversa les paupières d'Elsa, le tonnerre gronda quelques secondes plus tard ; l'orage était encore loin mais il venait. Elle attendit, elle se croyait éveillée mais s'aperçut qu'elle venait de rêver. Un rêve très bref qu'elle ne voulait pas perdre et qui déjà s'échappait ; elle le chercha à la trace, en attrapa des morceaux puis s'en souvint et le remonta : Un adolescent lui apportait un manuscrit très épais, recouvert de moleskine noire, elle le parcourait mais il se rouvrait toujours à la même page, différente des autres, cartonnée et creusée de petits cubes sans couvercle. Une des cases contenait des cendres, à moins que ce ne fût du sable extrêmement fin ; au fond un mot — ou un nom — était écrit, avec le doigt elle chassait la cendre pour essayer de le lire mais n'y parvenait pas et cependant elle criait : « J'ai compris ! »

L'effort pour se souvenir l'avait réveillée presque complètement. Elle remarqua l'absence de bruit. Pas un bruissement dans le platane, pas un ululement de chouette ni un roulement de voiture. On aurait dit que l'air

12

et la terre, immobiles, avaient cessé de respirer ; elle-même retint son souffle et elle entendit battre son cœur. Elle pensait à son rêve. Volodia n'y était pas physiquement présent mais c'est de lui qu'il s'agissait, l'adolescent venait de sa part, et sur le manuscrit elle avait reconnu son écriture. C'est la première fois qu'elle rêvait de lui. Où était-il pendant ce mois de septembre ?

Un éclair très long, plus violent que le premier et suivi presque immédiatement par le tonnerre la fit tressaillir. L'orage investissait la région, bientôt il cernerait la propriété. Elsa glissa dans un entonnoir dont les bords étaient à la fois les crêtes des collines et la mer où rôdait le bateau atomique japonais rejeté de port en port, devenu un ghetto flottant, abandonné à son sort. Dans l'île de son lit, elle était encerclée de plus en plus étroitement, arrachée à la terre, entraînée vers le centre du gouffre d'où elle serait précipitée en chute verticale. Où ? Ce n'était pas dans la mort, c'était pire, la mort peut être d'une blancheur éblouissante. La nuit pesait sur elle, il lui sembla sentir un point douloureux dans le torse, une sorte d'oppression. C'était l'orage, le sommeil allait venir la reprendre et ensuite ce serait l'aube et le matin, le merveilleux matin. Mais un jour, ce point douloureux s'incrusterait dans la poitrine et le dos... Avoir une âme, une énergie, quelque chose de plus léger que la chair et qui s'échappe, se fond dans l'espace et laisse le corps seul dans son étau.

Elsa ouvrit enfin les yeux, les images et les pensées qui nourrissaient ses fantasmes s'évanouirent. Elle était seule, nue, dans une nuit chaude, noire, sans fond.

Elle chercha des repères : la cheminée, la table, la déchirure des fenêtres, mais l'obscurité était totale, aussi profonde qu'étendue. Rare un pareil silence au cœur des nuits d'été. L'orage s'était peut-être éloigné. Ce n'était rien, un réveil avant l'heure. Aucune douleur, nulle part, le bras un peu endormi, le corps en sueur, les nerfs tendus.

La maison trembla, éclair et tonnerre explosèrent en même temps, un feu d'artifice noir et blanc éclaira la chambre et l'arbre. Un jour le platane sera foudroyé, il s'abattra sur la maison, l'écrasera. Le ciel restait illuminé. Le chien gémit contre la porte, elle lui ouvrit et fut moins seule.

Comment font-ils pour dormir ? pensa-
t-elle. La nuit revint, elle essaya vainement
d'allumer la lampe. Elle alla fermer la fenêtre ; quand elle posa les mains sur l'espa-
gnolette une décharge électrique la traversa,
elle resta saisie, les yeux fixés sur l'arbre si
proche qu'elle aurait pu en toucher les
feuilles spectrales. Le souffle du chien sur sa
cuisse la rassura, elle le caressa, puis à tâtons
chercha la bougie et les allumettes, et se
recoucha. La pluie commença, quelques
gouttes d'abord, lourdes, s'écrasèrent avec
des résonances différentes sur la vigne vierge, la table de pierre et la terre ; très vite ce
fut le déchaînement. Déjà l'orage s'éloignait, Elsa écoutait, enfin apaisée, j'aurais
pu être foudroyée, pensa-t-elle. La peur
était passée, elle se sentait à l'abri, l'orage
allait vers la mer. Elle était épuisée, au bord
du sommeil, entourée d'eau, l'image des
cygnes revint ; leur blancheur amena une
voile gonflée dans le vent. Et elle est le vent
et la voile et ses reins deviennent le fleuve et
l'enfant. Une force gigantesque les entraîne.
Les poussées se mêlent à la voix du médecin
et au courant de l'eau, et tous les trois s'en-
gouffrent dans la voile qui se détache sur le

ciel comme un grand œuf blanc peint par Sima. Elle est emportée, prise dans le flot, liée aux forces invisibles de la vie et de la mort, dans cette zone où le charnel et l'esprit sont indifférenciés. La lumière des spots circonscrit le lieu de l'action : un enfant vient au monde. Le médecin se tient debout dans l'angle ouvert de ses cuisses, sa voix résonne, indique l'itinéraire, la cause des sensations. Elle lui obéit et projette sur le mur, en visions de fleuve, de courants, de rivages et de vents, ses paroles.

Toi seul étais paisible, rassurant comme une terre accessible. Où es-tu ? Pas un lieu où tu sois, pas un lieu où tu ne sois pas.

Le fleuve est large, le centre tourbillonne alors que les bords demeurent immobiles, habités d'eau limpide qui s'amenuise jusqu'à mourir avec un son aussi doux que celui de la flûte japonaise.

Elsa est au centre du fleuve, là où son lit est le plus profond ; il ne faut ni dériver ni perdre le sens du courant mais l'épouser, aller aussi vite qu'il l'exige et cependant ne pas abandonner le contrôle, ne se laisser ni traîner ni déborder. Jusqu'à la fin maintenant, ce courant fantastique — au-delà de l'imagination —, venu du centre de la terre, va la posséder. Les poussées en lames de fond arrivent du bout de l'horizon, attaquent le corps, le recouvrent, l'investissent puis se retirent mais déjà la suivante se lève et approche, Elsa se demande laquelle sera la dernière. Chacune s'annonce par le durcissement du ventre qui devient aussi dur et lourd que la pierre ; elle craint de ne pouvoir ni la contenir ni la suivre, son corps va se fendre ou éclater ; elle entre dans l'ouragan et la voix se perd dans le tumulte, elle voudrait l'entendre mais elle ne peut l'écouter. Puis apparaît un lac, une nappe d'eau et la voix redevient proche : C'est presque fini, dit-elle, je vois les cheveux. Mais le travail recommence, le ventre se durcit comme si la poussée se rassemblait avant de se déchaîner. Je vois le front. Un instant elle reprend souffle mais la voile, le ventre, l'œuf se gonflent, elle repart dans la ligne des courants brutaux, entend les chutes, voit l'écume, elle se jette dans la respiration haletante : Je dégage l'épaule. Et l'enfant glisse, il est dans leurs quatre mains, encore attaché au placenta qui se décolle lentement du fond du corps. Tout est fini. Quelques

17

contractions, comme les derniers éclairs silencieux qui continuaient d'illuminer le ciel pendant que l'orage s'éloignait.

Dehors l'eau dévalait. Elsa imaginait les ruisselets et les petits torrents se précipitant dans les ravines creusées par les tempêtes de vent d'est. Elle écoutait tomber la pluie inépuisable comme un lien perpétuel entre le ciel et la terre, il lui semblait qu'elle rebondissait sur son corps et l'inondait en même temps que le sol et les arbres.

Quelle heure pouvait-il être ? Elsa vit briller le petit œil de feu de la spirale qui éloignait les moustiques et en respira l'odeur d'encens. Elle se retrouvait chargée de force tranquille, libérée, allant à larges coups d'ailes dans l'espace et dans le temps, colline après colline et entre chacune d'elles de nouvelles vignes, des forêts, la garrigue et le défilement de la vie passée et présente. Elle glissait sans heurts de l'éveil à la rêverie et au presque-rêve, toutes portes ouvertes, sans buter aux limites, sans être aspirée par les gouffres ; l'ombre et la lumière naissaient d'une même source, l'une faisait désirer l'autre et leur alternance était une joie. Au-delà des collines et de la plaine, s'étendait la mer, accueillante, protectrice, tiède et immense utérus où se faisait et se défaisait la vie. Terre, ciel, mer, temps, espace se répondaient, seule l'immobilité n'existait pas. La vie, l'amour étaient-ils la remontée vers la source ou l'entrée dans l'estuaire ?

La pluie avait cessé et s'égouttait des arbres. Elsa s'étalait aux abords du sommeil, le jour commençait à se lever. Deux ou trois cris de geais lui firent ouvrir les yeux. Les deux hautes fenêtres avaient la couleur de la cendre et le ciel livide apparaissait entre les branches de l'arbre. Elle se souvint du temps où elle faisait l'amour entre la nuit et l'aube et s'endormait quand le soleil commençait à briller. La chair confiante passait du plaisir au sommeil, hors de tout rivage de souffrance, elle s'endormait à l'écoute du cœur de l'autre, souffle dans souffle. C'était la perfection de l'état animal, une confiance éternelle dans la loyauté des corps comme si, seule, la pensée distillait l'angoisse. Était-ce cela la jeunesse ? Être, vivre, séparé de son corps, n'était-ce pas le début de la mort ?

L'orage avait laissé peu de traces, la terre
ne semblait pas responsable de la passion de
la nuit. Le ciel avait retrouvé sa limpidité
longtemps perdue. Une odeur d'eucalyptus
et de lavande flottait dans l'air.

Elsa tendit les hamacs gorgés de pluie,
renversa les fauteuils de toile et tira le divan
jusqu'au soleil ; elle fit le tour des plantes :
le basilic et l'estragon avaient reverdi.

Puck apparut sur le seuil. Nu, toujours nu
le matin :

— Salut !

Médor entendant sa voix accourut lui
faire fête.

— Il a plu ?

— Il y a eu un très fort orage.

Il regarda vers le vallon :

— Chouette, les chevaux des voisins vont
revenir !

Il alla vers les lavandes ; trop d'abeilles
les butinaient pour qu'il puisse capturer
les papillons bleus. Il revint, dégoûté, vers
les néfliers où vivent les grands papillons

roux, noir et blanc au vol nonchalant mais qu'il ne peut attraper tant leur mimétisme est parfait. Il chercha les chenilles.

— Elles sont devenues des papillons, dit Elsa.

— Je voudrais que les papillons redeviennent des chenilles. Pourquoi je les vois toujours trop tard ?

Il ne les aime pas, il en a tué deux cette année. L'un, il l'a épinglé sur un bout de liège et a regardé son corps pareil à une longue graine veloutée se tortiller et ses ailes battre. L'autre, il l'a enfermé dans un bocal où Thomas avait placé un coton imbibé d'éther, l'insecte a continué à voler, s'est heurté aux parois, s'est posé, a volé, vacillé, agité les pattes, s'est redressé, a vacillé encore, ses antennes ont vibré, ses ailes se sont ouvertes et fermées lentement et enfin, comme le papillon épinglé, il a cessé de bouger. Puck a constaté son pouvoir de donner la mort.

Elsa regardait Charlotte qui elle-même regardait son père ou plutôt le buvait des

21

yeux, elle était assise à ses côtés et cependant se tendait vers lui comme une tige vers le soleil.

— Tu reviens de vacances, disait-elle, et tu es arrivé comme ça en surprise...

— Oui.

— Et tu étais où ?

— En Italie.

— C'était bien, tes vacances ?

— Oui, c'était bien, oui. J'étais chez des amis qui avaient un bateau, on a fait beaucoup de voile.

— Et de la pêche sous-marine ? Tu fais toujours de la pêche sous-marine ?

— Toujours. Il y a plus de poisson là-bas que par ici.

— Tu étais dans un village ?

— Dans le Sud, oui. Mais j'y suis resté peu de temps, je travaille mal au bord de la mer. Je suis remonté vers le nord, près de Sienne.

— Tu étais à l'hôtel ?

— Oui, j'aime bien l'hôtel, pas de soucis, on est dans sa chambre, tranquille. Je travaillais le matin, et vers une heure je prenais la voiture et je partais.

— Et tu ne t'ennuyais pas ?

— Non, dit-il, jamais. Je t'emmènerai un

jour là-bas, tu verras, tu aimeras beaucoup.

Elle pencha la tête jusqu'à toucher la main de Bernard et respira profondément.

— Peut-être l'année prochaine ?

— Oui, pourquoi pas l'année prochaine. Je te montrerai, il y a des choses très belles. Je t'emmènerai à Orvieto, à San Gimignano.

— Tu y es déjà allé ?

— Souvent et j'y retourne toujours.

— Je ne suis jamais allée en Italie, dit-elle.

— Tu as le temps. Je te promets, nous irons.

— Tu veux que je te fasse une tartine ?

— Oui. Et moi je t'en fais une.

Elsa les écoutait, suivait l'échange de leurs regards, leur façon de se toucher, de se frôler.

— Je te mets de la confiture de myrtilles et tu me mets de la confiture d'abricots, c'est Jeanne qui l'a faite, et la prochaine fois on changera, d'accord ?

— D'accord.

— Tu prends du thé ou du café ?

— Tu as oublié ?

— Non, mais tu pouvais avoir changé, moi je change tout le temps.

— Jamais de café.

— Mais parfois tu prends du thé de Chine et parfois du thé de Ceylan.

— Ça, c'est vrai, mais le matin plutôt du Ceylan.

— Tu es vachement raffiné.

Charlotte porta la main sur le bras de son père. Elle répète sans le savoir le geste qu'elle a vu faire par sa mère, ici même, dans cette maison où elle vient depuis sa naissance. A cette table, Françoise caressait le bras de Bernard, allait vers son épaule, montait jusqu'à la nuque, enfouissait ses doigts dans la chevelure et dans le même temps, avançait, les yeux clos, son visage vers lui, et Charlotte voyait la main de son père serrer et pétrir la cuisse de sa mère pendant qu'il baisait ses paupières.

Elle n'avait jamais entendu de dispute entre eux, ni vu de larmes, mais à la fin d'un été, le dernier jour de vacances, ils lui avaient annoncé leur séparation. Cet événement qu'aucun signe ne lui avait fait pressentir provoqua sa continuelle appréhension : des choses graves surviennent, on peut mourir, on peut cesser de s'aimer, se quitter, sans que rien ne transparaisse. Les sourires ouatés, les baisers, la suavité des voix n'empêchent pas l'éclatement des drames. Charlotte n'avait pas éclairci le mystère de la séparation de ses parents, elle ne posait pas de questions mais elle y pensait souvent et se disait que l'un des deux avait dû faire du mal à l'autre, il n'était pas possible, lui semblait-il, que l'on se sépare subitement si l'un n'a pas cessé d'aimer parce qu'il aime ailleurs. Elle imaginait sa mère amoureuse en secret, ou son père aimant une autre femme, et tour à tour elle éprouvait admiration ou haine pour l'infidèle et compassion ou mépris pour l'abandonné.

Elle continuait à caresser le bras de Bernard, regardant ses propres doigts aller et venir, sans dépasser l'arrondi de l'épaule ; la nuque et les cheveux se situaient dans un territoire qu'elle n'osait franchir mais touchait des yeux, alors qu'elle aurait voulu y presser les lèvres. Pendant que sa main caressait la peau et en sentait le grain elle questionnait :

— Tu as eu des coups de soleil en Italie ?

Elle enleva quelques lambeaux de peau morte.

— Toujours au début.

— Pourquoi tu ne t'es pas mis d'huile ?

— Pas pensé, dit-il.

— Et personne n'y a pensé ?

— Personne.

— Ça te fatigue d'avoir des coups de soleil. Maman dit que c'est très fatigant.

— Elle a raison.

— Elle a une très bonne huile. Je t'en mettrai quand nous irons au soleil.

— Maintenant ma peau est tannée.

— Quand même je t'en mettrai. Elle sent très bon.

— Et toi, qu'as-tu fait cet été, avant de venir ici ?

Il regarda Elsa, et Charlotte ne perdit pas ce coup d'œil qui l'énerva.

— On est allé dans les Pyrénées.

— Il a fait beau ?

— Oui, c'était bien, c'était bien. On a mangé beaucoup de myrtilles, j'aime bien parce qu'on a la langue bleue comme les chow-chows. On faisait de grandes balades, on jouait au tennis. J'avais des copains, on allait parfois à la piscine. On est rentré à

Paris parce que maman avait du travail et
après elle est partie au Portugal avec des
amis, et moi je suis venue ici. Elle m'écrit
beaucoup, deux fois par semaine au moins.
Des lettres. Pourquoi tu ne m'écris pas ?

— Tu sais bien, je ne sais pas écrire, mais
je te téléphone.

— Là, ça faisait longtemps...

— Pas très longtemps, trois semaines pas
plus.

— Tu trouves que ce n'est pas longtemps ?

— En été les circuits sont occupés, c'est
très difficile...

Elle répéta, à voix basse, ne sachant pas
elle-même si elle voulait être entendue :

— Pas long trois semaines !

Et commença :

— Vous les hommes...

— Hé là, attention, sinon je t'énumérerai
les défauts attribués aux femmes.

Elle se leva et alla caresser Médor.

— Tu sais, il est aveugle, il est vraiment
vieux, maintenant il faut qu'il meure.

Bernard appela :

— Médor !

Le chien resta à sa place, les oreilles
basses.

— Il ne te voit pas et il ne connaît plus ta voix.

— C'est vrai, dit-il, il a vieilli.

— Ça dépend des moments, dit Elsa. Il ne supporte pas la chaleur et il a mal aux pattes.

— Oui, intervint Charlotte, les spigalous lui entrent dans les pattes et dans les oreilles. Ce sont les épis de la folle avoine.

— Il fait plus chaud qu'en Italie, dit-il.

— Cette année c'est ainsi, dit Elsa, et pourtant nous sommes au début de septembre. Tu n'as pas été pris dans l'orage cette nuit ? L'automne va venir d'un coup...

Elle s'interrompit et rit, puis subitement quitta la table et partit faire quelques pas vers les bois.

— Tu restes combien de temps ici ? demanda Bernard.

— Jusqu'à ce que maman revienne du Portugal. Elsa me mettra dans le train... avant la rentrée des classes de toute façon, ça fait encore quelques jours, pas longtemps.

Lui, ne faisait jamais que passer, Charlotte ne demanda pas quand il repartait. Il aurait répondu d'une façon évasive, en se réservant la possibilité d'un retrait immédiat. Un matin elle le verrait soulever le capot de sa voiture, vérifier le niveau d'huile, mettre de l'eau dans le réservoir et elle comprendrait qu'il allait la quitter une ou deux heures plus tard.

— Où va-t-on aujourd'hui ? demanda-t-elle.

— Aujourd'hui on fait ce que tu veux.

Puck observait des fourmis qui transportaient une sauterelle blessée. « Elles sont méchantes, dit-il, elle ne leur a rien fait. » Il versa de l'eau pour les écarter et se saisit de la sauterelle. « Elle n'a plus de pattes, je vais la nourrir mais je ne sais pas ce qu'elle mange. » Il la mit dans une boîte avec quelques feuilles de platane. « Je crois qu'elle a peu de chances de s'en sortir », dit Elsa. Il se balança dans le hamac encore humide en laissant traîner ses pieds sur la terre. « Je m'ennuie, je voudrais qu'on aille se promener, seulement jusqu'au lavoir. »

François est réveillé depuis longtemps, Jeanne dort encore. Il écoute parler devant la maison, il entend le choc des couverts sur les assiettes, les tasses que l'on repose sur la table. Il a reconnu la voix inattendue de Bernard. Thomas n'est pas avec eux, il dort comme Jeanne. Des mots montent jusqu'à lui : Orvieto, San Gimignano. Le ventre de Jeanne bouge sous le drap. Il voudrait ne penser à rien, simplement jouir d'être là, près d'elle, respirer son odeur, toucher sa peau, voir battre régulièrement la veine du cou, écouter son souffle.

Dehors, les voix continuent : « Je ne peux pas attraper les papillons à cause des abeilles... elles m'attaquent... Il y a une abeille qui va piquer Médor... je te dis, viens, c'est très dangereux... » La voix basse d'Elsa : « Je vais venir, je finis de manger et je viens... »

Les cheveux de Jeanne. Tout d'un coup leur parfum et leur présence submergent François : un mélange de pierre à feu et de sel et leur chaleur contre son épaule comme une soie jetée sur sa peau. Il voudrait qu'elle se réveille mais ne veut pas la réveiller. Cette nuit la pluie les a chassés de la grande plage où ils se promenaient. Dans la chambre ils ont parlé jusqu'à l'aube en écoutant l'orage. Parlé de tout, pêle-mêle, du voyage, du retour, de la naissance : « S'il naît avant que tu reviennes, j'irai t'attendre avec lui » ; du linge qui se trouvait chez la blanchisseuse, la boutique devait être ouverte maintenant, elle avait fermé pendant le mois d'août. « Où trouveras-tu ton billet ? » questionnait Jeanne : « A l'Agence avec mon passeport, mais je ne dois pas oublier mes certificats de vaccination, ils sont dans le bureau. — Le bureau je l'ai fermé à clé, la clé est dans la cuisine dans la boîte à thé. Tu te souviendras, la boîte à thé. Le lit est fait. Tu me téléphoneras ? »

Ce soir il dormirait dans l'appartement vide, ferait sa valise, téléphonerait. « Oui, je téléphonerai. Mes appareils sont dans la cantine ? — Oui. Sur la cantine j'ai mis le berceau, il est emballé, fais attention. » Ils s'étaient endormis épuisés.

Il se tourne vers Jeanne, glisse ses cuisses sous les siennes, il l'effleure puis la caresse. Elle bouge lentement, se coule, s'entrouvre, porte la main sur la nuque de François. Les yeux fermés, elle passe du sommeil à la volupté, lui du désir au plaisir en regardant le visage de Jeanne se transformer. Dehors les voix emmêlées perdent leur précision, deviennent lointaines, mélangées au vent qui embrasse le platane. Ils ne sont plus que perceptions, battements, rythmes, turgescences, succions, vibrations, cercles de plus en plus serrés, et quand sous les lèvres de François, celles de Jeanne murmurent « oui, oui » ce qui était la tension la plus haute se délie, se fond et déferle.

Le silence, la douceur, l'apaisement. Puis les bruits remontent à nouveau proches et distincts.

Puck et Elsa descendent dans le vallon.

— Tu me racontes une histoire ?

Elsa voudrait se promener, simplement marcher, mais Puck est insatiable, il se nourrit des histoires qu'on lui raconte et de celles qu'il invente, son imagination ne s'arrête jamais et la nuit on l'entend rêver.

Monsieur C. est dans les vignes. Puck l'appelle l'homme de la vigne.

— On va lui dire bonjour, dit Elsa.

Monsieur C. est préoccupé par la pluie de cette nuit.

— Il faut qu'il fasse très chaud, dit-il, sinon le raisin va pourrir. C'est plus tôt qu'il aurait dû pleuvoir, et pendant des mois on n'a pas eu une goutte d'eau, pas de quoi mouiller une feuille !

Puck écoute et ne dit mot.

— Je viens de tuer une couleuvre, dit-il encore, là près du lavoir, elle n'a pas bougé, elle était en train d'avaler un lapin. Puck veut aller voir. La couleuvre est étendue de toute sa longueur au soleil, des mouches vertes bourdonnent autour d'elle, parfois elles se posent et marchent sur sa peau, déjà quelques-unes se sont fixées à la commissure des mâchoires distendues par le lapereau noir dont on voit encore les pattes arrière, d'autres s'agglutinent autour des yeux. Puck se penche : « Regarde ! » Il montre une plaie, un rubis autour duquel les mouches rôdent en volant très bas, elles se chassent les unes les autres pour aller boire le sang au bord de ce petit cratère.

— La pique de la fourche, dit Elsa.

— Où est-elle la fourche ?

— Je ne sais pas.

Puck appelle Monsieur C.

— Où est la fourche ? demande-t-il.

— Là.

Il désigne le lavoir. Oui, elle est là, appuyée contre le mur. L'enfant en approche avec une sorte de respect.

— Les piques ne sont pas pointues, dit-il.

— Elles sont sans doute usées par la terre, explique Elsa.

— Mais une est entrée quand même dans la couleuvre. Il a dû frapper très fort.

Il retourne près du serpent :

— Regarde, il y a des fourmis sur sa queue, et sur le petit lapin aussi il y a des fourmis.

— On va aller voir s'il y a des figues mûres. Il faut les manger tout de suite.

Elsa entraîne l'enfant. Ils marchent sur le sentier.

— Raconte-moi l'histoire du lapin et de la couleuvre. Est-ce que tu crois qu'elle l'a attaqué dans son terrier pendant l'orage, est-ce qu'elle a aussi mangé ses parents ?

Elsa dit :

— Je crois plutôt que ça s'est passé ce matin, à peu près quand Bernard est arrivé. La couleuvre a dû se mettre au soleil, le lapin est venu manger l'herbe au bord des vignes et...

— Mais comment est-ce qu'elle l'a attrapé, il pouvait courir.

Elsa se laisse prendre au jeu :

— Je ne sais pas, peut-être qu'elle l'a hypnotisé.

— Hypnotisé ?

— Je veux dire qu'il n'a plus bougé et qu'il s'est laissé manger.

— Raconte. Dis-moi.

Elsa cueille les figues :

— Fais attention aux guêpes, dit-elle.

Puck ouvre chaque fruit avant de le goûter.

— Comment elle l'a hypnotisé ?

— Tout à coup il a vu la couleuvre, très grande, tu as vu comme elle était grande, roulée sur elle-même avec la tête dressée, elle le regardait venir, elle le fixait avec ses yeux noirs, et le lapereau s'est arrêté, il l'a regardée aussi et il n'a plus pu ne pas la regarder. Il s'est mis à marcher vers elle. Il était attiré et la couleuvre restait absolument immobile, alors il s'est approché encore, et quand il a été tout à fait près, elle a détendu son corps comme un ressort, et elle l'a attrapé.

— Et puis ? Raconte.

— Elle ne l'a pas mangé tout de suite ; d'abord elle l'a enduit de salive, et il restait sans bouger tellement il avait peur.

— Et il ne se débattait pas ? Il ne faisait
rien ?

— Non, il se laissait faire. Il est devenu
lisse, gluant, et alors seulement elle a
commencé à l'avaler mais très lentement,
petit à petit.

— Et après ?

— Après, l'homme de la vigne l'a tuée.

— Et après ?

— C'est fini.

Pour la première fois de l'été on entend
couler l'eau dans le lit du ruisseau. Ils
marchent encore un peu, Elsa cueille des
pois de senteur mauves et roses. Est-ce que
la mer sera calme ce matin ? Pas de grand
vent, le mistral ne s'est pas levé pour chasser
la pluie... L'eau sera troublée, il faudra
nager loin pour trouver la transparence.

— Tu veux qu'on aille jusqu'où on voit la
mer ?

L'enfant veut rentrer. Ils repassent devant
le figuier et cueillent encore quelques fruits.
En approchant de la maison, ils voient
Médor qui les cherche, les oreilles dressées,
aux aguets, captant les bruits, respirant les
effluves. Il descend à leur rencontre en
butant contre les cailloux.

— On t'a cueilli des figues, dit Puck à Thomas étendu dans le hamac.

Il écoute son Prélude et lit le troisième volume de la vie de Trotski par Isaac Deutscher. Puck regarde la photo de la couverture :

— C'est marrant, il a des lunettes sans rien pour les tenir.

— Ça s'appelle un pince-nez, dit Thomas.

— Et ça pince vraiment le nez ?

— Il faut bien pour que ça tienne.

— Tu viens tirer à la carabine ?

— Faut changer les cartons de la cible, dit Thomas.

— Je fais tout. L'homme de la vigne a tué une immense couleuvre avec une vieille fourche.

Elsa les regarde préparer le tir.

— Je vais me baigner, dit-elle, salut.

Quand ils arrivèrent en vue de la mer, au-dessus des rochers, Jeanne se souvint de son rêve. Elle revit le corps happé par le requin, un corps extraordinairement blanc.

— A quoi penses-tu ? demanda François.

— A un rêve de cette nuit, dit-elle.

Ils descendaient vers la mer en suivant le sentier coupé par des pierres et des arbustes assez forts pour résister aux tempêtes de l'équinoxe. Puck escaladait les rochers, courait sans prendre garde aux cailloux. Mais quand Jeanne commença à parler il mit ses pas dans les siens.

— Tu vois, disait-elle, en montrant la mer, c'était une plage, pas des rochers comme ici, une plage arrondie et sablonneuse au pied d'une colline. L'eau était claire mais pas bleue. Tu te souviens du film de Flaherty en Islande, le grand requin blanc que les enfants regardent du haut de la falaise ? La mer de mon rêve avait cette teinte-là, une couleur d'huître, et cependant il faisait très chaud. La mer est parfois ainsi avant l'orage. Le fond de sable était parsemé de grosses pierres arrondies. Du haut de la colline je regardais les baigneurs et tout d'un coup j'ai vu un requin, j'ai reconnu sa forme effilée et l'aileron dorsal. A l'intérieur de mon rêve je me rappelais en avoir vu dans l'aquarium de Boston. C'était quand j'y étais allée avec mon père, j'avais quinze ans. C'est un très grand aquarium cylindrique, emboîté dans un sol spiralé autour de lui, les requins se tiennent dans l'eau profonde, on les voit dès qu'on entre dans la salle. J'ai toujours eu peur d'eux. J'avais lu quelque part que leur nom venait de requiem car il n'y avait pas de salut pour le nageur ou le naufragé attaqué... A Boston j'avais assouvi en toute sécurité le désir de me trouver en face de ma peur.

Jeanne marchait avec précaution ; à chaque passage périlleux François la dépassait et lui tendait la main ou les bras. Puck, collé à Jeanne, les regardait faire et surtout écoutait :

— J'avais été fascinée par leur beauté. Ils ont des yeux effrayants, un iris vert pâle presque blanc et la pupille noire.

François la regardait, écoutait sa voix ; elle se retouna et lui sourit :

— Le requin se tenait immobile contre les pierres, sur la droite de la baie, il était tourné vers la colline qui se prolongeait en cap. Les nageurs, sauf un au centre, étaient rassemblés vers la gauche. J'ai pensé que ce nageur solitaire traversait la baie de part en part et qu'il avait dû passer au-dessus du requin puisque maintenant il avançait vers

39

le groupe de baigneurs. Il nageait calmement avec des gestes réguliers. Je voulais le prévenir du danger mais il ne m'entendait pas. Le requin, sans que l'eau remue, s'est retourné et a commencé à nager vers lui, il l'a dépassé, l'homme ne s'en est pas aperçu, et il a continué sa course vers le groupe de baigneurs, il allait de plus en plus vite, entre deux eaux. Il a foncé sur un corps extraordinairement blanc, comme irradié de lumière, tu vois. Il y a eu un remous, de l'écume, une grande tache de sang s'est répandue comme sur un buvard. Le corps blanc était coupé en deux à hauteur de la taille, le requin y mordait en le secouant...

— C'est une histoire vraie ? demanda Puck.

— Non, c'est un rêve.

— Tu me raconteras une vraie histoire de requin ?

— Je n'en connais pas, dit Jeanne.

Elle continuait :

— Quand le requin a attaqué, tu ne peux pas imaginer avec quelle précision j'ai entendu ses coups de queue et les claquements de sa mâchoire. Et sa désinvolture ! Comme si dévorer un homme ne mobilisait qu'une petite partie de sa force ! Une promenade interrompue par quelques coups de dents.

— Tu te souviens de Maldoror ?

— C'était qui Maldoror ? demanda Puck.

— Un homme amoureux d'une femelle requin.

— Et elle l'aimait ?

— Oui. Ils se retrouvaient dans la mer.

— Elle ne le mangeait pas ?

— Non. Ils jouaient, ils nageaient ensemble.

Puck se tut et regarda la mer. Jeanne lui caressa la nuque.

— Il n'y a pas de requin ici, dit François.

— Il y a du monde partout, remarqua Jeanne.

Ils approchaient du rivage. Ils escaladèrent quelques pierres avant de retrouver le sentier imprécis tracé par le passage, d'année en année, des estivants. Les corps nus, saturés de soleil, se distinguaient à peine du rocher. C'était l'heure où les bateaux arrivent et jettent l'ancre au large.

Ils découvrirent enfin les grandes pierres plates qu'ils aimaient. Jeanne reconnut la serviette d'Elsa. Pour franchir les derniers rochers, François la porta, quand il la tint contre lui, il l'embrassa et se caressa la joue à ses cheveux. Elle était lourde, il la déposa sur la pierre.

Elsa nageait au large, Puck l'appela sans qu'elle l'entende. Jeanne se mit en proue, les pieds baignant dans l'eau. Elle enleva sa robe et resta nue devant la mer.

François aussi se mit nu. Il déballa le grand sac, sortit la bouée, le masque de Puck, la serviette carrée qu'il partageait avec Jeanne. Il regardait la splendeur du temps, le ciel de fin d'été. Peut-on défaillir de douceur ?

— Je vais attraper des crabes et après j'irai peut-être voir mon copain sur la petite plage. D'accord ?

— Je t'attache ta bouée.

— Je n'ai pas envie de me baigner.

— Tu la mets quand même, si tu changes d'avis...

Jeanne accomplissait les gestes rituels de chaque arrivée. François s'étendit à ses pieds et fit autour de sa cheville un bracelet avec ses doigts ; il lui embrassa le pied et garda les lèvres ouvertes sur sa peau : « Ma déesse de la fécondité », murmura-t-il. Jeanne portant leur enfant, dressée ou allongée dans ce paysage méditerranéen nu, né de l'espace et de la lumière, était à elle seule le contrepoids à la douleur et à l'injustice du monde.

Elle s'agenouilla et donna ses yeux aux siens, puis son regard dériva vers les rochers :

— Puck chasse les crabes où il en a trouvé hier.

Elle chercha Elsa sur la mer et finit par découvrir le point sombre de sa tête :

— J'ai toujours peur à cause des bateaux, dit-elle, les Riva il faudra les détruire tous. Je vais m'étendre près de toi, dit-elle encore.

Ils sont allongés côte à côte sur le grand rocher, légèrement incliné vers le soleil, ils ne parlent presque pas. Un mot, un soupir de l'un dont l'autre prend le fil. Des avions de guerre terrifiants traversent le ciel, et d'autres lents et bruyants suivent la côte et traînent de longues banderoles publicitaires pour les cigarettes Stuyvesant.

— Merde, dit Jeanne, même ici...

— Dans quel Évangile est-ce que Jésus dit « Mon Dieu, pourquoi m'as-tu abandonné ? » demande François. C'était dans le

Jardin des Oliviers, il était parti seul mais il avait demandé à ses disciples d'être de cœur avec lui, il savait que Judas allait venir. Quand il est revenu il les a trouvés endormis...

— Ne compter que sur ses propres forces...

— Terrible. La pensée la moins fraternelle du monde. Quand j'étais enfant et que mon père me quittait je me sentais totalement abandonné et je n'avais pas de force.

— Tu es fort.

— Je ne sais pas.

— Tu es le plus fort de nous deux. Tu n'es pas abandonné, il n'y a pas de Judas, c'est compliqué du reste : Judas était peut-être nécessaire pour que Jésus accomplisse son destin ? Et s'il s'était sacrifié en trahissant ?

— Je n'ai jamais pensé à ça, dit-il.

Il l'embrassa et rit. Pendant un moment ils se taisent et se laissent prendre par le soleil.

— C'est dans l'Évangile selon saint Marc, dit François. Et ce n'était pas dans le Jardin des Oliviers, c'était plus tard, il était déjà crucifié.

Il se tourne vers Jeanne :

— Je ne partirai plus, dit-il, c'est la dernière fois, je ne veux plus te quitter.

Elsa approchait d'un voilier qui venait de jeter l'ancre, elle le contourna et continua vers la Bastide Blanche. La joie de sentir son corps glisser dans l'eau et tracer un sillage droit l'enivrait. Elle nagea longtemps puis revint. Elle savait qu'en se tenant au large la haute pierre de granit qui lui servait de repère au sommet des rochers lui apparaîtrait plus tôt. Elle distingua Jeanne et François et le drap de bain blanc ; vers la gauche elle reconnut la silhouette de Puck qui courait dans les rochers en tenant précieusement son masque, sans doute plein d'eau où nageaient quelques crabes. En approchant davantage elle vit plus clairement le couple. Ils se tenaient enlacés, Jeanne était étendue sur le dos, les jambes allongées, un bras en arceau, l'autre caressant le dos de François dont la tête reposait contre sa hanche. Elsa pensa qu'il partait ce soir. Charlotte et Bernard n'étaient pas là. Elle changea de cap et se dirigea vers Puck qu'elle appela. Il s'arrêta, agita un bras et montra, en le soulevant, le masque. Au même moment elle vit apparaître Thomas, il descendait à moto la côte abrupte, il disparut un instant puis sa silhouette se détacha sur le ciel à côté de la pierre dressée. Il regarda la mer, découvrit Jeanne et François. Que va-t-il faire ? se demanda Elsa. Il fit un signe de tête, tourna le dos et descendit l'autre versant de la colline, plus à l'est.

Elsa prit pied à quelques mètres de Puck. Il sortit ses crabes un à un, en les tenant avec prudence entre le pouce et l'index ainsi que le lui avait appris Thomas.

— Tu ne te baignes pas ?

Il dit qu'il n'en avait pas envie. Quand elle s'étendit il vint près d'elle :

— Je voudrais que tu me racontes une histoire avec un requin, dit-il.

— Pas tout de suite.

Il insista :

— Je voudrais.

Elsa regardait l'horizon, une mouette

46

dessinait dans l'espace, elle descendait vers la mer, s'y heurtait, remontait vers le ciel et s'y perdait. Puck s'amusa avec ses crabes puis redemanda une histoire.

— Pas tout de suite, répéta-t-elle. Si tu cherchais d'autres crabes ?

— Maintenant il y a trop de soleil, ils se cachent.

Elle répondit qu'il y avait des coins d'ombre, même très sombres, protégés du soleil.

— Alors je veux du raisin, dit-il.

Elsa ne voulait pas qu'il aille du côté de Jeanne et de François ; elle continuait à suivre le jeu de la mouette.

— Quelle histoire ? dit-elle. Tu veux qu'on parle d'une mouette ?

— Si tu veux, mais c'est surtout le requin qui m'intéresse.

— Il n'y a pas de requin ici.

— Mais il y en a dans la mer.

— Oui, mais loin de la côte, vers la Grèce ou l'Afrique.

— Tu peux en mettre un ici, dit-il.

— Oui, je peux, dit Elsa, mais quoi d'autre qu'un requin ?

— Un dauphin.

— D'accord, et une mouette peut-être ?

— Ça va, une mouette.

— Et elle était blessée et le dauphin...

— Elle a été blessée par le requin, insista l'enfant.

— Je ne crois pas.

— Si. Au moment où elle attrapait un poisson...

— Je préférerais que la mouette ait été blessée, le dauphin la voit et il la défend contre un requin qui veut la dévorer.

— Non, la mouette sera blessée par le requin, il a des dents terribles.

— Je ne crois pas qu'un requin blesse une mouette, il la tue au premier coup et la mange.

— Non pas toujours, affirma Puck.

— Tu ne crois pas ?

— Cette fois-là il ne la tue pas...

— Si tu veux, dit Elsa.

— ...il la blesse.

— Et qu'est-ce qu'il lui fait comme blessure ?

— Peut-être qu'il...

— Quoi ?

— Un trait...

— Tu veux dire un coup de dents ?

48

— Oui, un coup de dents, tu comprends ? On dirait qu'elle a reçu un grand coup de dents.

— Alors ce serait l'histoire d'un requin, d'une mouette et d'un dauphin.

— Ah non... je veux...

— Qu'est-ce que tu veux ?

— D'abord, le requin il est le père du dauphin.

— Ce n'est pas possible.

— Pourquoi ?

— Parce qu'un requin ne peut pas avoir un enfant dauphin. Il ne peut pas, un requin ne peut pas se marier avec un dauphin, ni un chien avec un chat, ni un homme avec une lionne.

— Il y a pourtant un homme qui aimait une femelle requin.

— Qui t'a dit ça ?

— Jeanne.

— Ils n'ont pas eu d'enfants, certainement pas.

— Alors le requin ne sera pas l'ami du dauphin.

— D'accord. Et la mouette ? questionna Elsa.

— La mouette a été blessée par le requin.

49

— On verra. On commence l'histoire.

— Maintenant c'est toi qui la racontes, dit Puck.

Elsa parle et en même temps imagine Jeanne et François sur le grand rocher plat. C'est sur ce même rocher, oh, il y a tant d'années, que son espoir d'attendre un enfant s'était précisé. La brûlure du soleil alors et le goût du sel ! Ce n'était pas en septembre comme aujourd'hui, c'était en juin, il n'y avait personne, en ce temps-là, les rochers étaient encore déserts. Ils avaient l'habitude d'emporter un livre et à tour de rôle lisaient à haute voix. C'est lui qui lisait quand cette pensée lui était venue, et sans doute avait-elle posé sa main sur son ventre, en tout cas aujourd'hui elle le croit, peut-être parce que tant de fois elle a vu Jeanne faire ce geste. Et sans doute son ventre était-il brûlant, comme il l'est maintenant, de cette chaleur qui vient à la fois de la vie et du soleil. C'était un jour très calme, paisible, on entendait à peine la mer. Si le bonheur est l'espoir de voir se réaliser ce que l'on désire, ce matin-là fut un des plus heureux de sa vie. Antoine était né.

Elsa entrouvre les yeux et voit l'eau se

50

briser à ses pieds. Apparemment rien n'a changé depuis ce temps-là, elle peut le croire tout au moins : la colline cache les maisons, et les vacanciers de septembre cherchent la solitude et se rendent chaque jour à la même place comme l'abeille revient à son alvéole. Elsa tourne la tête, et les années encore une fois sont abolies :

Elle regardait l'œil qui se déplaçait en lisant et elle respirait l'odeur poivrée de la peau près de l'aisselle. Ce matin-là ils lisaient *King Lear*. En levant très haut les yeux, elle avait remarqué la haute pierre de granit dressée comme un écran contre le ciel, et dont l'équilibre paraissait précaire, elle pouvait tomber dans la mer ou s'écraser sur les rochers. Elle n'a pas bougé d'un pouce et chaque fois qu'Elsa la regarde, son cœur se serre. Dans ce lieu du monde qui chante comme un paradis, la haute pierre lui rappelle que le malheur, la grande épée, peut toujours et partout, à tout moment, trancher.

Puck attend le début de l'histoire, Elsa prend conscience qu'il lui parle ; elle était partie ailleurs dans un monde qui n'existera jamais pour l'enfant qui est en train d'amas-

ser ses propres souvenirs dont fera peut-être
partie la vision de Jeanne enceinte racontant
sur le sentier le rêve du requin.

— Tu es d'accord, on commence par le
requin ?

— On va voir, répond Elsa qui cherche
vite ce qu'elle va inventer.

— Ça se passait à la Bastide Blanche, tu la
connais ?

— C'est là que je vais avec mon père, dit-
il.

— A la Bastide Blanche, la grande plage
est en sable, ce ne sont pas des rochers
comme ici.

— Il y a aussi des rochers.

— Oui de chaque côté de la plage.

— C'est comme dans le rêve de Jeanne, dit
Puck, mais dans son rêve il y avait des
palmiers, certainement il y avait des palmiers.

— Le matin, tôt, il n'y a pas beaucoup de
monde, mais plus tard les bateaux arrivent,
de très beaux bateaux, ils n'accostent pas, ils
s'arrêtent au large. Et parfois ces très beaux
bateaux sont suivis par des poissons.

— Tu veux dire des gros poissons ?

— Oui, très gros, et un jour un dauphin

est ainsi arrivé à la Bastide Blanche. Tu sais les dauphins aiment la compagnie des hommes. On dit qu'on les dresse maintenant à porter des bombes.

— Pourquoi des bombes ?

— Pour faire sauter les bateaux ennemis.

— Et alors le dauphin meurt ?

— Oui et beaucoup de gens sont tués.

— Ils sont noyés ?

— Ou tués par l'explosion. Ce jour-là un dauphin avait suivi un voilier. Il plongeait, sautait, s'éloignait, revenait, il s'amusait tellement qu'il avait dû être distrait et ne pas se rendre compte que l'eau devenait moins profonde. Et tout d'un coup il s'aperçoit qu'il est entouré de bateaux et même de nageurs...

— C'est une mère dauphin ?

— Si tu veux. Donc la mère dauphin se rend compte qu'elle est près d'une plage, et aussitôt elle s'éloigne et repart vers le large. Elle nage sans arrêt jusqu'à ce qu'elle ait retrouvé la haute mer. Il est midi, elle continue à nager et, tout d'un coup, elle voit au-dessus d'elle une patte qui bat l'eau, elle remonte en surface et trouve une mouette blessée. Une de ses ailes est cassée et une des pattes presque arrachée. Elle ne peut plus s'envoler.

— C'est le requin qui l'a attaquée.

— Peut-être le requin ou un chasseur, ou elle s'est battue avec un autre oiseau. On ne peut pas savoir, on ne saura jamais. Le dauphin tourne autour de la mouette, il essaie de la prendre sur son dos mais elle glisse, elle est maladroite...

— A cause de sa blessure...

— Oui, elle a mal, elle souffre. Il lui dit : « Je vais te pousser avec ma tête, c'est la seule façon de faire. Où habites-tu ? — Très loin, dit la mouette, à l'île du Levant. »

Le nom de l'île est venu se placer dans les paroles d'Elsa comme par hasard, il a jailli de sa mémoire sans qu'elle réfléchisse. Enfant elle allait souvent aux îles d'Or. Elles sont trois : Bagaud, Port-Cros et Levant. Celle du Levant était le plus sauvage. Elle aimait aller se promener jusqu'au phare à l'extrémité est de l'île. Ce phare avait un attrait particulier pour elle car chaque nuit, l'été, dans la maison de ses parents, face aux îles, elle attendait la première lumière tournante sur la mer que le soleil venait d'abandonner ; l'eau s'assombrissait brutalement

54

alors que le ciel était encore clair, sans étoiles. Les trois îles barraient l'horizon, le phare commençait sa ronde et Elsa se sentait rassurée : tout était dans l'ordre, comme hier, comme demain. Mais chaque jour le phare s'allumait un peu plus tôt, il marquait un pas vers la rentrée des classes et le retour au pays gris et plat. Et, au fur et à mesure que la nuit montait, le phare devenait plus éclatant. Il pénétrait jusqu'à son lit, régulièrement comme une respiration de lumière. Il était une présence, un clin d'œil fidèle, et depuis qu'elle avait été le voir sur l'île, chaque fois qu'il balayait son drap et le mur de sa chambre c'était comme si un regard amical venait veiller sur elle.

— Et alors ? dit Puck.

— Alors le dauphin dit : « Si on allait plus près sur la côte ? » Mais la mouette ne veut pas. « C'est là-bas que j'ai mon nid, dit-elle. Je veux y retourner. » Alors le très-gentil-dauphin dit : « Écoute je vais essayer de te pousser jusque-là, peut-être que nous rencontrerons un bateau qui voudra bien te prendre. Si tu le permets parfois je te quitterai pour aller manger et pour me reposer, sinon je serai si fatigué que je me noierai. »

Et les voilà partis tous les deux, le dauphin poussant la mouette en essayant de ne toucher ni sa patte ni son aile.

— Et il connaît vraiment la route ?

— Il connaissait bien la région. L'île du Levant était à peu près à vingt kilomètres.

— Neuf kilomètres, c'est loin ?

— Neuf kilomètres, c'est beaucoup, mais vingt c'est plus de deux fois plus. Enfin ils avançaient très calmement, régulièrement. Au loin on voyait l'île mais sans aucun détail. La mouette se disait que ce dauphin était tout à fait aimable et très fort. En se plaçant au ras de l'eau il avait réussi à la mettre sur son dos et il nageait en surface. La mouette recevait le vent, elle filait, filait...

Elsa sent la pensée de Puck partir ailleurs. Elle se tait, l'enfant ne s'en aperçoit pas. Il regarde la mer :

— D'ici on ne voit pas l'île du Levant ? La Grèce c'est loin ?

— Très loin.

— Plus de mille kilomètres ?

— Oui. Plus.

— Mon père est dans une île qui s'appelle Kalymnos. Il y a des pêcheurs d'éponges.

— Tu sais que ton père c'est mon fils ?

— Je sais très bien. Il y a des requins, là-bas ?

— Peut-être mais ils ne doivent pas être dangereux sinon les pêcheurs ne plongeraient pas.

Un Riva passe au large, tirant un skieur. On n'entend pas le moteur. Le sillage blanc est comme une flèche tendue par l'homme droit, glissant sur la mer.

— Tu vois, dit Elsa, ils vont vers l'île du Levant. Tu ne la vois pas à cause du cap Taillat.

Ils se taisent pendant un moment et s'étendent au soleil, et comme le rocher est dur l'enfant appuie sa tête sur la taille d'Elsa. Il ne quitte pas le bateau des yeux.

— Voilà, il a passé le cap, annonce-t-il.

Il se tourne vers Elsa :

— Continue, dit-il, mais je voudrais le requin.

— Il arrive. Le dauphin à force de nager s'est senti fatigué. Il avait faim aussi : « Écoute, dit-il, je vais plonger, j'ai besoin de manger quelques poissons. Attends-moi là, je reviendrai bientôt, ne bouge pas. » Et le dauphin plonge et trouve quelques poissons qu'il avale. Après un quart d'heure il revient comme il l'a promis mais en approchant de la mouette que voit-il qui nage autour d'elle ?

— Le requin.

— Le requin. Pas un grand requin, un petit, on les appelle *peaux-bleues* parce que leur peau est d'un bleu très sombre, une couleur d'ardoise. Aussitôt le dauphin remonte à la surface. L'oiseau essaie désespérément de s'envoler, il a senti rôder le requin et il veut lui échapper. Le dauphin n'hésite pas, il est intelligent et il sait se battre. A toute vitesse il fonce sur le requin, il le bouscule, le repousse, lui donne des coups de tête et en même temps il le démoralise. « Tu n'as pas honte, lui dit-il, toi, le plus redoutable animal de la mer, le plus fort, le plus rapide, tu veux dévorer une mouette ! » Le requin répond qu'il mange tout ce qu'on peut manger, une mouette, une jambe, une boîte, un poisson, n'importe quoi il le dévore. Le dauphin continue à le harceler, il lui envoie de terribles coups à la suite les uns des autres et il finit par l'épuiser ; le requin abandonne le combat et s'en va dégoûté.

— Ce n'était pas un père requin. Tu m'avais promis un père requin.

— Peut-être que si, mais il était fatigué ou il n'avait pas très faim...

— Ou il a été vexé ou il était malade...

— C'est possible. En tout cas la mouette a été sauvée. Elle s'est remise sur le dos du dauphin et ils ont continué leur voyage. La mer était tout à fait plate, sans la moindre houle. Heureusement que le vent ne s'était pas levé. Le dauphin parfois se disait qu'il n'aurait jamais la force d'arriver jusqu'à l'île du Levant. La mouette lui disait : « Repose-toi, va manger. » Mais il n'osait plus la laisser seule. De temps en temps, il s'arrêtait et abaissait ses nageoires, et elle regardait approcher son île, elle commençait à distinguer le port, le phare, les arbres, les rochers. C'est vers le phare qu'était son nid. Ils rencontrèrent plusieurs dauphins et des thons qui sautaient dans l'air et brillaient dans le soleil.

« Ils nagèrent ainsi jusqu'au crépuscule et quand ils approchèrent de la côte, le dauphin s'arrêta une dernière fois et demanda : « Où habites-tu exactement ?

— Sur les rochers, à droite du phare »,

répondit-elle. A ce moment-là, ils virent arriver un vol de mouettes et la blessée les appela de toutes ses forces ; elles l'entendirent et vinrent tourner autour du dauphin et de sa passagère.

— Non, pas passagère, mouette, rectifia Puck.

— Oui, mouette. Elles indiquèrent au dauphin où elles habitaient. Il s'avança jusqu'aux rochers du rivage pour que la blessée puisse se poser sans trop de mal. Elle fut aussitôt entourée par la colonie d'oiseaux. Il lui dit au revoir. Elle le remercia. « J'espère que tu viendras me revoir. » Il le promit puis il plongea, et cette nuit-là il dormit très longtemps.

— Il n'a pas mangé.

— Je crois qu'il a d'abord dormi.

— Il n'a pas rencontré de requin ?

— Non, pas cette nuit-là.

Elsa se tut, caressa la tête de Puck.

— Je voudrais du raisin, dit-il.

— Oui, on va y aller.

Elle regarda vers l'est et distingua deux points qui venaient vers la côte, les deux têtes étaient immergées mais on voyait avancer parallèlement les petits périscopes des respirateurs.

— Voilà Charlotte et Bernard, dit-elle.

— Comment tu le sais ?

— Une façon de nager, je ne peux pas t'expliquer.

Charlotte s'était arrêtée, elle fit un grand signe et cria : « On arrive ! » Ils abordèrent aux pieds de Jeanne et de François, alors Elsa se leva et dit à Puck :

— Viens on va manger du raisin.

Ils se retrouvèrent tous les six. L'enfant demanda où était Thomas, Elsa dit qu'elle l'avait vu partir par là-bas et elle désigna les rochers vers la plage :

— Va le chercher ou apporte-lui du raisin.

L'enfant prit une grappe et partit.

Bernard s'était couché face au soleil, Charlotte regardait son corps massif et bronzé, son sexe comme endormi qu'elle détaillait en prononçant les mots lus cet hiver dans un livre d'éducation sexuelle. Elle essayait de comprendre. Souvent elle regardait avec un petit miroir son propre sexe où apparaissaient un duvet et quelques poils ; chaque jour elle attendait l'arrivée de ses règles. Tout alors serait différent. Ses seins commençaient à poindre ; quand elle courait, elle sentait leur présence, les pointes faisaient saillie sous son tee-shirt et au contact du froid elles se dressaient et devenaient dures. Elle aimait les toucher, les pincer, les voir réagir quand elle les caressait.

Charlotte s'étendit près de Bernard et continua à se répéter les mots appris, définis, et demeurés cependant mystérieux et presque magiques. Souvent son regard revenait sur Jeanne et François. Le ventre de Jeanne la fascinait. On lui avait dit et répété qu'un accouchement était un acte naturel mais elle imaginait des déchirures, des écartèlements abominables dont personne ne parlait jamais. Est-ce que quelqu'un l'aimera un jour ? Est-ce que son père et sa mère se sont aimés comme s'aiment François et Jeanne ? Et eux, est-ce qu'ils continueront à s'aimer ? On peut faire un enfant sans s'aimer. Tout le monde fait l'amour. Charlotte regarda autour d'elle : les nageurs, les gens étendus au soleil, ceux qui marchent dans le sentier, ceux qui habitent les maisons cachées derrière les rochers, ses professeurs, les personnes qu'elle admire, celles qu'elle déteste, toutes ont été faites en faisant l'amour. C'est une pensée qui la traverse souvent et la bouleverse.

Voilà Thomas et Puck qui reviennent. Thomas ne lui parle jamais, c'est comme si elle n'existait pas ; à table il lui coupe la parole et sans la regarder il la pousse quand elle est à sa place. Et Puck l'adore, c'est énervant.

Elle dort dans la même chambre que l'enfant ; le matin tout nu il fait une sorte de danse du scalp sur son lit. Il rit et l'appelle, parfois il la réveille et elle est furieuse, pour regarder comme son sexe est dur. Mais Puck n'est qu'un enfant. Et cependant elle est un peu troublée, chaque fois qu'elle l'essuie après la douche et passe et repasse, plus qu'il n'est nécessaire, sur cette présence dont elle n'a pas l'habitude.

Thomas est allé s'asseoir jambes pendantes au bord de l'eau. La mer s'est levée, depuis l'horizon jusqu'au rivage, elle se brise en taches blanches qui se noient dans l'indigo, les vagues s'enroulent et se déroulent en spirales ininterrompues.

Jeanne vint prendre du raisin, et retourna s'asseoir, dos au soleil, le visage tourné vers

François. Elle égrena la grappe et lui mit les grains un à un dans la bouche, il n'ouvrit pas les yeux mais posa la main sur le genou de sa femme.

Charlotte se leva à son tour, choisit une grappe et appela son père : « Tu veux du raisin ? » Il dit oui et tendit la main pour le recevoir. Puck, lui, s'était assis contre le panier et engouffrait tout ce qu'il pouvait. Après les fruits il voulut du pain et du gruyère, puis il demanda à boire, après il s'ennuya et rejoignit Thomas qui chantait dans le vent.

Charlotte aimerait que son père lui prenne la main, elle voudrait poser la tête sur sa poitrine. Peut-être qu'il pourrait, lui, la comprendre et lui expliquer, elle ne sait pas exactement quoi, mais une chose importante qu'elle ignore et qui lui manque. Vivre avec lui, seule avec lui ! Elle le soignerait, l'attendrait, elle s'occuperait de tout dans la maison, ils partiraient ensemble en voyage, elle ferait et déferait les valises, répondrait au téléphone, elle le laisserait aller voir ses amies, mais c'est elle qui vivrait avec lui. Aujourd'hui elle avait été complètement heureuse. Ils s'étaient baignés dans une crique, ils avaient nagé, plongé, joué, et quand ils avaient senti la fatigue ils étaient montés sur un rocher affleurant l'eau, un îlot, mais si petit qu'on pouvait à peine s'y asseoir. De là, ils voyaient la plage pleine de monde et entendaient les cris des baigneurs ; des bateaux sortaient du petit port et hissaient la voile, ils les regardaient passer et partir vers le large. « Ce serait bien d'avoir un bateau », avait dit Bernard, et, en écho, elle avait répondu presque en criant : « Oh ! ce serait génial, où est-ce qu'on irait ? — En Italie, à l'aventure, on descendrait peut-être jusqu'en Grèce. Il faudrait avoir tout l'été devant soi, faire ça avec des amis, tu emmènerais un copain de ton âge, sinon à la longue tu t'ennuierais avec nous. » Elle n'avait rien dit. C'était toujours ainsi avec lui et chaque fois elle se laissait prendre et il ne se rendait compte de rien. Il est très gentil mais il ne comprend pas, avait-elle pensé.

Et maintenant, étendue au soleil, elle le regardait dormir : il allait repartir, à Paris il lui téléphonerait quelquefois, il l'emmènerait au cinéma et au restaurant. Pas plus. Qu'aurait-elle donné pour qu'à cet instant

il ouvre les yeux, lui sourie et lui dise :
« Viens, on part. Viens. »

Elsa regardait Charlotte et écoutait la mer. Elle se souvenait d'elle au même âge. Elle est dans la chambre de sa grand-mère et prend sur la cheminée deux coquillages identiques, marron et blanc, lisses, brillants sur le dos et sur le ventre, clairs, roses et peignés de fines rainures convergentes vers la longue fente ourlée qu'elle presse sur ses oreilles. Un contact froid d'abord, marmoréen et qui se réchauffe jusqu'à se confondre avec la peau. Elle écoute et les coquillages inanimés deviennent immenses comme la mer et le vent. Ils sont posés symétriquement au pied de deux statuettes de bronze de style 1900 : deux petites filles tenant un cerceau, coiffées d'un grand chapeau d'où s'échappent des boucles et habillées de robes aux manches bouffantes et aux longues jupes terminées par des volants. Des petites filles modèles qu'elle trouve ridicules.

En écoutant la mer, elle imagine la seule qu'elle connaisse jusqu'alors, celle des vacances d'été, grise ou brune, aux larges vagues frangées d'écume, déferlant à chaque marée sur les brise-lames d'ardoise où l'on glisse sur les algues mouillées et sur les moules bleues quand la mer se retire. L'air est empli d'odeurs marines qu'elle retrouva à l'adolescence sur les corps. Parfois cette mer grise et brune, au soleil devient moirée, couleur d'étain clair, bleutée, un ton indéfinissable qu'elle nomme couleur-des-yeux-de-ma-mère. Elle avance sur le brise-lames, poursuit les vagues qui se retirent ou au contraire elle recule devant la mer montante et se fait peur : « Si je tombais, si une vague plus haute et plus puissante m'emportait ou m'isolait de la terre ? » Elle poursuit ce même jeu qu'elle adore sur la plage immense ; d'un côté la mer, de l'autre les dunes, entre les deux le sable. Les pieds dans l'eau, elle ne bouge pas, ça dure longtemps, l'eau monte le long de ses jambes, elle la sent sur les mollets puis sur les genoux et au-delà, elle se retourne, regarde les dunes et les vagues calmes qui la dépassent et se brisent de plus en plus loin d'elle. Elle ne sait pas encore nager. Elle attend le début de la peur puis court vers le sable sec. D'autres fois, elle fait le contraire, elle entre assez loin dans l'eau pour s'immerger les jambes, puis elle attend ; la mer se retire et laisse ses genoux mouillés, l'eau descend jusqu'aux chevilles, le courant entraîne le sable autour de ses pieds, elle a la sensation d'enfoncer. La plage humide paraît vivante, on entend des bruits d'aspirations, de succions, de minuscules jets d'eau fusent, de minces rubans de sable se soulèvent, un animal s'enterre, un autre fuit, la mer apporte et abandonne les méduses blanches. Tout bouge, palpite à l'intérieur du grand mouvement de la marée. Plus tard elle a retrouvé cette même mouvance perpétuelle, cette même alternance, dans l'amour. La mer était et est le cœur qui bat, le cœur de la terre dont le rythme se répercute dans le sang d'Elsa.

Elle lève les yeux. Personne ne parle ; c'est l'heure la plus chaude, elle ne se souvient pas d'une telle chaleur en septembre. Jeanne et François ne bougent pas, la main de l'un repose sur le ventre de l'autre. Charlotte lassée de regarder dormir son père a remonté le sentier, elle se tient contre la haute pierre, toute droite, le regard fixé sur la baie. Elle tourne la tête. Voit-elle qu'Elsa la regarde ? Elle redescend en sautant d'un rocher à l'autre, tout son corps est brun sauf une ligne à la limite de son slip qu'elle ne quitte jamais. Elle passe devant Elsa sans un regard et va rejoindre Thomas et Puck qui mangent en regardant les vagues. Elle doit s'ennuyer, pense Elsa, et elle se dit, comme c'est drôle les souvenirs, ils vous surprennent toujours, même quand on croit savoir comment ils naissent, ce qui les appelle et ce qui les repousse. Quand elle était enfant, les deux coquillages lui donnaient la mer, maintenant c'est la mer qui les fait surgir et l'entraîne jusqu'à la maison de son enfance :

Le matin, elle entrait dans la chambre de sa grand-mère encore couchée dans le lit en cuivre, sa tête reposait sur plusieurs oreillers « pour mon cœur », disait-elle ; le dentier blanc et rose brillait dans un verre d'eau qui sentait la menthe, la perruque grise crantée d'ondulations était posée sur un petit socle à côté des lunettes à monture métallique qui sont redevenues à la mode. Au pied de la lampe, les journaux étaient jetés en désordre. Le premier bruit qu'entendait Elsa était celui des trams, un grincement strident à la descente, un ronflement continu à la

montée et des rafales de coups de sonnette
que le conducteur actionnait avec le pied.
De la fenêtre on voyait le parc public planté
des mêmes arbres que le jardin, l'avenue
avait été tracée dans le vif de la forêt. A
travers les feuillages, Elsa devinait le vallon
sauvage où elle allait courir après l'école.
Même en été il demeurait sombre à cause
des hêtres rouges qui arrêtaient le soleil. En
automne, elle dévalait et remontait les
pentes recouvertes de feuilles mortes.

Sa grand-mère se levait — l'hiver il faisait
encore nuit —, elle mettait son dentier et
emportait sa perruque devant le miroir.
Puis venait le moment où elles entendaient
marcher au-dessus de leur tête, chaque pas
résonnait du claquement de talon des
mules. « Ta mère est levée », disait-elle.
Elles écoutaient les allées et venues coupées
de silence, les gargouillis d'eau dans la salle
de bains. Elles connaissaient les gestes qui
s'accomplissaient là-haut, les arrêts devant
l'armoire le temps de choisir un vêtement et
de l'enfiler, la longue pose devant la glace
pour se brosser les cheveux renversés pardessus la tête, puis les peigner et les coiffer
en y plantant de longues épingles qui

70

tomberaient un peu partout pendant la journée. La chaise du piano tirée et poussée grinçait sur le parquet, quelques gammes, quelques arpèges étaient jetés très vite, suivis d'un morceau de musique qui annonçait l'humeur du jour. Elsa se souvient des *Jardins sous la pluie,* d'une *Polonaise* de Chopin qui lui faisait peur alors que *La goutte d'eau* laissait prévoir la tendresse, d'une sonate de Mozart qu'elle trouvait mièvre et trop gracieuse.

En se promenant il y a quelques mois dans la ville devenue étrangère, elle est retournée voir la grande maison baroque où elle passa son enfance. Elle s'est arrêtée sur le trottoir d'en face contre le parc, les trams passaient toujours mais avec moins de fracas, au fond du jardin, elle a reconnu les arbres considérablement grandis et, en bordure de l'avenue, le saule pleureur échevelé qu'elle n'a jamais aimé. Une vieille femme est venue s'arrêter près d'elle et après un moment lui a demandé si elle connaissait cette maison, elle a répondu que non, qu'elle regardait cette tête de chien sculptée dans la pierre. « Ce n'est pas un chien, c'est un loup », a dit la vieille femme.

Elsa a pris l'air étonné. « J'habite un peu plus bas, a continué la vieille, et maintenant j'ai peur, il y a quelques semaines il y a eu un assassinat dans cette maison. » Elsa n'a rien dit, déjà sa mémoire des lieux galopait, ouvrait les portes, suivait les escaliers sombres, explorait les réduits, soulevait les tentures, pénétrait les recoins, allait sur le large balcon invisible de la rue qui s'ouvrait précisément sur les grands arbres, où vivaient en leur temps les chiens qui s'étaient succédé pendant tant d'années. Elle se disait : Là dans un endroit que fatalement je connais, où je suis passée mainte et mainte fois, dans un de ces lieux où moi-même j'ai eu peur quand mes parents étaient en voyage, que j'étais seule avec ma grand-mère et que nous fermions les volets avant la nuit puis faisions toutes deux de haut en bas le tour de la maison allumant l'électricité, l'éteignant après avoir bien regardé partout jusque dans la cave, dange-reuse disait la grand-mère, à cause de la porte du garage, ce grand garage vide, lugubre avec des taches d'huile sur le sol et une odeur persistante d'essence et de caout-chouc, oui, là, dans un de ces endroits, une femme avait été poursuivie ou surprise et tuée. Elsa avait toujours éprouvé de la peur dans cette maison, et voilà que cette peur resurgissait, alors que tant d'événements s'étaient passés, toute une vie pendant laquelle elle avait cru oublier son enfance.

François venait de se lever, il tendait les bras à Jeanne, elle riait : « Je deviens lourde ! » Ils marchèrent vers l'eau et commencèrent à nager lentement, avec peu de gestes. Charlotte plongea. Thomas dit à Puck :

— Viens, on va nager.

— Je n'ai pas envie, répondit l'enfant.

— Bon, eh bien salut !

Il se glissa dans la mer puis se mit à nager furieusement vers le large. Bernard continuait à dormir, Puck ne sut que faire, il vint vers Elsa et demanda si on allait rentrer bientôt.

— Dès qu'ils reviennent on va rentrer si tu veux.

— Mais Thomas il en a pour longtemps, il part toujours très loin.

— Thomas on ne l'attend pas, il a sa moto.

— Et Bernard, il dort.

— On le réveillera.

— Je ne dors pas, dit Bernard, je me tais c'est tout.

— Du reste il faut rentrer, continua Puck, François doit faire sa valise.

Elsa pensa que demain ils reviendraient et que François ne serait plus là.

Quand Jeanne revint de Nice, le soleil était couché. Les autres l'attendaient : Oui François était bien parti, il devait être arrivé maintenant, elle avait perdu l'habitude de la cohue, des touristes, elle avait besoin de se reposer un peu. Elle s'excusa et s'en fut dans sa chambre, le lit était resté ouvert, encombré de serviettes de bain, d'oreillers jetés en désordre. François ne laissait jamais de traces visibles, tout au plus un livre ou une photo rapportée d'un lieu lointain.

Jeanne s'étendit, ses reins lui faisaient mal, elle posa les mains sur son ventre ; ouïe et toucher confondus elle resta à entendre et sentir son enfant ; il bougeait lentement comme un bateau arrêté sur une mer calme. Le parfum du chèvrefeuille entrait par la fenêtre, c'était l'heure où Elsa et Thomas écoutaient de la musique, elle reconnut la voix de Kathleen Ferrier. Le vent était tombé. La pénombre douce et bleue, le chant, les odeurs enveloppaient Jeanne sans l'oppresser comme elle, à son tour, protégeait et entourait son enfant.

C'est alors que retentirent simultanément un coup de frein et un hurlement de chien. Une voiture s'arrêta, on entendit des pas sur la route, des paroles brèves, des coups de klaxon ; les portes claquèrent et la voiture repartit. Le tout n'avait pas duré plus de deux ou trois minutes.

Puck dit tout de suite d'une voix blanche — ses lèvres tremblaient : « C'est Médor, je l'ai vu partir », et avec un regard éperdu, affolé, avant qu'on ne puisse l'arrêter, il fila à travers les vignes. Elsa appela le chien, puis se leva, entra dans la maison, appela encore, monta voir s'il n'était pas couché sur le lit. Alors ne le trouvant nulle part elle se précipita à la poursuite de Puck. Charlotte et son père la suivirent. Jeanne s'était levée et du seuil de sa porte les regardait passer.

— Ne viens pas, c'est inutile, lui cria Elsa.

Ils couraient et appelaient le chien, Charlotte et Bernard traversèrent la route et s'enfoncèrent dans la partie haute de la colline, Elsa suivit l'enfant qui l'entraînait là où la voiture avait brutalement freiné. Ils fouillèrent tout à l'entour, scrutèrent la pénombre en appelant mais en laissant des intervalles de silence pour écouter ; rien ne bougeait. Les grillons commençaient à chanter et les voitures à la file partaient vers la ville. Elsa et Puck revinrent sur leurs pas.

— On va descendre, dit Elsa.

Ils se serrèrent contre le talus. L'enfant avançait comme un somnambule, la tête levée, la nuque raide, sans parler. Il se laissait tirer par Elsa puis subitement il la quitta, s'éloigna de la route et entra dans les broussailles, il se pencha au point de presque ramper et cria plusieurs fois : « Médor ! Médor ! » Il crut le voir, se précipita mais ce n'était qu'un tronc d'arbre. Elsa lui fit signe de ne pas faire trop de bruit, il revint près d'elle et reprit sa main :

— Il faut écouter si on ne l'entend pas

respirer ou marcher dans les herbes. Peut-être est-ce un autre chien qui a été touché par la voiture, il y a tant de chiens dans les environs ! Il est peut-être allé se baigner dans le lavoir, il y va souvent quand il fait chaud.

— C'était sa voix, dit Puck.

Il ne dit plus rien, elle se demanda s'il pleurait. Après avoir longé la route pendant cent cinquante ou deux cents mètres, elle décida de prendre sur la droite un sentier qu'elle connaissait bien ; après un long détour il conduisait aux vignes d'en bas, près du lavoir. L'enfant lui fit remarquer qu'on quittait la route :

— Tu crois que s'il a été blessé il est venu par ici ?

— Oui, c'est un sentier où il vient souvent et parfois les chiens blessés, même si ce n'est pas grave, se mettent à courir parce qu'ils sont effrayés ou étourdis.

— Pas s'ils ont une patte cassée, dit Puck.

— Si, même avec une patte cassée, affirma-t-elle.

— Pas avec deux pattes cassées ?

— Non sans doute pas avec deux pattes cassées, encore qu'elle avait vu, dit-elle, un chien paralysé de l'arrière-train avancer très vite en se servant uniquement de ses pattes avant.

— Qu'est-ce que c'est l'arrière-train ? demanda Puck.

Elle l'expliqua.

— C'est les pattes de derrière plus le cul, conclut-il.

— C'est ça, dit-elle.

— Et la queue.

— Sans doute, la queue aussi.

— Médor, on lui a coupé la queue. Comment est-ce qu'on la lui a coupée ? Avec un couteau ou avec des ciseaux ?

Elle répondit qu'elle ne le savait pas. On le lui avait fait quand il n'avait que quelques jours.

— Ça fait mal ?

— Ça ne doit pas faire de bien mais ça doit aller très vite.

— Pourquoi est-ce qu'on le fait ? demanda-t-il encore.

Elsa était contente qu'il pose tant de questions. C'était du temps gagné.

— C'est une mode je crois, dit-elle, et puis ça évite qu'ils se prennent la queue dans les portes des maisons.

78

— Et des voitures...

— Oui.

— Et des avions ? Peut-être qu'il est allé prendre son bain dans le lavoir, mais je ne le crois pas.

La nuit était devenue noire. En plein ciel, les trois étoiles les plus brillantes du Cygne, de l'Aigle et de la Lyre formaient leur grand triangle ; autour d'elles les autres commençaient à scintiller.

Ils avaient atteint le fond du vallon, en prenant à droite ils arriveraient au lavoir.

— On va voir, dit-elle, si Médor ne se promène pas par là.

Mais Puck répondit qu'il était trop tard, Médor se baignait avant la nuit :

— Il est aveugle et pourtant il ne se trompe jamais d'heure, il sait quand c'est la nuit.

Ils avançaient lentement entre les vignes et les arbres dans l'espace abandonné aux cistes. L'enfant laissa la main d'Elsa et marcha devant elle.

Que de chiens elle avait vus mourir. Depuis son enfance jusqu'à son mariage, combien ? Cinq ou six au moins : des chiots morts de la maladie, des vieux qu'il fallait piquer. Un s'était caché quand il avait entendu la voix du vétérinaire. « Je crois que le meilleur endroit pour le piquer c'est la serre », avait dit son beau-père et il avait demandé à Elsa d'y conduire le docteur et elle, obéissante, avait ouvert la porte de la serre attenante à la salle à manger, elle avait regardé l'homme déposer sa trousse, la déplier, en retirer la seringue, l'ampoule, la petite lame, l'aiguille. Son beau-père était venu les rejoindre : « Il s'est caché dans le vestiaire, va le chercher, c'est toi qu'il aime le plus. J'emmène ta mère dans sa chambre, elle est si sensible, tout cela lui fait trop mal. »

Quand tout avait été prêt le vétérinaire avait réclamé le chien. Elsa l'avait trouvé dissimulé derrière les longs manteaux, non pas couché comme il l'était constamment ces jours derniers, mais debout, appuyé contre le mur et quand elle avait écarté un pardessus il l'avait regardée avec des yeux qu'elle revoyait en cet instant : un mélange de crainte et de confiance, d'impuissance, une supplication aussi. Elle lui avait parlé, l'avait caressé, trahi en somme ; il avait fait un pas comme s'il était reconnaissant qu'on lui parlât avec douceur. Peu à peu il avait consenti à la suivre ; elle l'avait tiré par le collier en continuant à le rassurer. Comment s'appelait-il, comment ? Pour mieux le convaincre elle était allée dans le frigidaire chercher un peu de viande et sur la table de la salle à manger elle avait pris les biscuits recouverts de sucre qu'il aimait, *des pains à la grecque,* elle se souvint tout à coup de ce nom oublié. Elle était revenue près de lui et lui avait offert à manger, il avait accepté. « Viens, viens, lui disait-elle, je vais te donner d'autres biscuits. » Elle ne le traînait plus mais le faisait avancer pas à pas, en lui tendant alternativement la bouchée de viande et le morceau de biscuit et ainsi elle l'avait amené jusqu'à la salle à manger. Mais là il avait levé la tête et respiré l'odeur étrangère et elle avait dû le reprendre par le collier. Il gardait la gueule tournée vers la serre. Son corps s'était tendu, il avait grogné et refusé la nourriture. Il n'avait plus la force d'aboyer. Elle l'avait traîné jusqu'au vétérinaire qui ne l'avait même pas regardé ; il emplissait la seringue. Elsa avait demandé s'il voulait de l'alcool et du coton. C'était une question stupide, elle en avait eu

honte. « Ce n'est vraiment pas la peine »,
avait-il répondu. Le chien avait refusé de se
coucher, elle s'était assise à même le sol et
lui était resté debout, serré contre elle :
« Couche-toi, couche-toi. » Il ne bougeait
pas, il ne voulait rien entendre. Le vétérinaire avait décidé de lui faire la piqûre debout.
Il avait passé la main sur l'encolure du chien
et elle l'avait senti se raidir : « Tenez-le
bien », avait-il recommandé. Et c'est ainsi
qu'il l'avait tué tandis qu'elle lui tenait la
tête et lui murmurait des paroles. Il était
tombé raide presque immédiatement, mais
à elle ce court moment avait semblé interminable. Elle s'accrochait à des raisonne-
ments : il n'avait pas éprouvé plus de peur
que les autres fois, il s'était caché parce qu'il
détestait ce vétérinaire... pas de souffrance,
un coup sans doute quelque part dans la
tête ou au cœur mais foudroyant... pas le
temps de se rendre compte... il fallait le faire,
il faut toujours mourir à un moment ou
l'autre... Le chien tué gardait les yeux
ouverts, elle caressait son poil encore chaud.
Jusque-là elle n'avait vu mourir que des
chiens. Elle devait avoir l'âge de Charlotte.

Ils marchaient lentement, la terre avait

presque la dureté de la pierre. Les collines et les arbres n'étaient plus que volumes adossés à l'horizon ; au centre la plaine plantée de vignes semblait infinie, on entendait couler l'eau du lavoir. Puck appela le chien puis s'arrêta pour écouter.

— Appelle-le, toi, dit-il.

Elsa cria très fort : « Médor ! Médor ! » Sa voix avait dû résonner jusqu'à la maison. Les stridulations des grillons innombrables étaient comme une réponse terrestre à la vibration silencieuse des étoiles. Ils contournèrent le lavoir et s'approchèrent de l'eau stagnante du bassin. L'enfant y plongea la main, l'eau était tiède et envahie de mousse.

— Il n'est pas là, dit-il.

Au-delà de la maison, en haut de la colline ils entendirent la voix enfantine de Charlotte : « Médor ! Médor ! », presque en même temps la lumière s'alluma sous la ramade et Jeanne apparut :

— Vous l'avez trouvé, est-ce que vous l'avez trouvé ?

Les quatre voix répondirent non.

Jeanne s'assit sur la marche, son ventre pesait sur ses cuisses, il était dur, l'enfant ne bougeait pas. Elle aussi guettait les bruits,

elle crut entendre des pas, se leva et pénétra
dans la zone d'ombre. Il n'y avait rien, ni
personne. Elle appela Elsa pour casser le
silence. Elsa lui répondit comme un écho.
Quelques minutes plus tard, les écharpes
lumineuses, enroulées, déroulées autour des
arbres annoncèrent l'arrivée de Thomas. Il
roula jusqu'à Jeanne comme il aimait le
faire, au ralenti, en passant sur les ornières
et les trous. « C'est presque du cross », dit-
il, et il s'arrêta, déplia ses jambes trop longues et les étendit devant lui. Il remarqua
le parfum de la jeune femme. Il la regarda :

— Ça va pas ? François est parti, ta
grenouille ne bouge pas. Déjà inquiète, déjà
possessive ! Ah les mères ! La répression,
toujours la répression !

Il savait la faire rire. Il demanda où était
Elsa, Jeanne montra le lavoir.

— J'y vais, dit-il, et il descendit le vallon.

Elsa s'était assise au bord du bassin. Le
goutte-à-goutte de la source tombait
comme un sablier sans retour. Elsa venait
s'asseoir là presque chaque jour, le matin tôt ou à la tombée du jour. Il fut un
temps où elle y venait la nuit. Ils s'éten-
daient au bord du chemin, parlaient de

projets, jamais du passé, les soirs de lune ils marchaient dans la clarté laiteuse, ils ne pouvaient dormir, l'air excitait leur esprit. Parfois, ils remontaient vers la maison quand le ciel déjà pâlissait à l'est, et ils s'endormaient enivrés d'étoiles et de nuit.

Souvent Elsa avait entendu rentrer Jeanne et François vers l'aube, elle s'était dit qu'ainsi était la vie de relais en relais. L'année prochaine peut-être Thomas se promènerait la nuit dans les bois avec quelqu'un qu'il ne connaissait pas aujourd'hui mais qui existait déjà quelque part et attendait d'aimer avec la même impatience que lui. Et dans dix ans ce serait Puck qui regarderait les étoiles avec une fille qui apprenait à lire cette année.

Puck, avec un bâton, rassemblait la mousse du bassin, puis la saisissait à pleine main et la lançait vers les vignes.

— C'est ici qu'on a tué la couleuvre-qui-avait-mangé-le-petit-lapin-noir ?

— Oui au bord du chemin, tu vois, entre le lavoir et la vigne. Elle avait son nid par là.

Il lança ses paquets de mousse vers l'endroit qu'indiquait Elsa. Mais très vite il s'arrêta, regarda le ciel puis autour de lui, sans rien dire, sans rien demander et vint mettre sa tête sur les cuisses de la femme.

— Il n'est pas là Médor, dit-il.

Elsa lui caressa les cheveux.

Elle regardait là-haut les cyprès et le platane plus sombres que le ciel, la maison éclairée et les flèches blanches ou jaunes des phares qui traversaient les arbres après s'être brisées un instant sur les troncs, et au-delà le velours noir de la colline.

— Pourquoi tu ne l'appelles plus ? demanda Puck.

Elsa appela encore en surveillant sa voix pour que l'enfant ne comprenne pas qu'elle était sans espoir. L'appel resta suspendu entre son cœur et les étoiles. Pouvait-on aujourd'hui s'attendrir sur la mort d'un chien ? Elle le fit et sans mauvaise conscience.

— Voilà Thomas, dit Puck.

Il descendait le vallon, le chêne-liège l'avait caché jusque-là. Puck courut vers lui. Elsa le vit se pencher vers l'enfant ; c'était un geste inhabituel. Elle l'entendit dire :

— Tu veux monter sur la moto ?

Il le souleva et le plaça sur la selle :

— On cherche Médor, dit Puck.

— Si tu veux demain je t'emmènerai, on fera de la moto tous les deux.

— Génial !

Thomas poussa la moto jusqu'à la fontaine.

— Tu peux jouer avec elle, mais ne l'abîme pas.

Il marcha vers sa mère, elle comprit tout de suite. En descendant du village il avait vu le chien, poussé sur le bord de la route près du grand chêne.

— Qu'est-ce qu'on va faire ? demanda-t-elle.

— J'irai le chercher tout à l'heure, on le mettra dans le garage pour la nuit et je l'enterrerai demain.

Fallait-il le dire à Puck ? Ils décidèrent que oui.

— Dis-le-lui, tu le feras mieux que moi, dit-elle.

Il rejoignit l'enfant, s'accroupit à côté de lui et parla. L'enfant l'interrompit au premier mot :

— Je savais qu'il était mort et Elsa aussi le savait. Je l'ai entendu crier et je l'ai vu partir et je sais comment était la voiture qui l'a écrasé, elle était rouge ou peut-être orange, une grande voiture, elle s'est arrêtée et les gens ont mis Médor où tu l'as trouvé.

— Il est mort sur le coup, dit Thomas.

— Il a saigné ?

— Non, on ne voit aucune blessure.

— On va l'enterrer.

— Oui, demain.

— Où est-ce qu'on va l'enterrer ?

— Où tu voudras.

— Près des eucalyptus.

— D'accord.

— Je voudrais aller le voir maintenant.

— On va y aller si tu veux.

— Il ne faut pas le laisser au bord de la route parce qu'ils vont l'écraser.

— Je te promets, on va aller le chercher.

A ce moment-là ils entendirent sonner le téléphone.

— C'est François, dit Elsa.

— Jeanne l'a pris, dit Thomas.

Et à nouveau ce fut le silence, le goutte-à-goutte de la fontaine, la stridulation des grillons. Ils restèrent là sans rien trouver à dire. Puis il y eut la voix de Jeanne :

— Elsa, c'est François, il veut te dire au revoir.

Elsa remonta le vallon en courant.

Thomas demanda à Puck s'il voulait monter sur la moto. L'enfant refusa. « Alors, aide-moi à la pousser », dit Thomas.

Elsa écoutait la voix de François qui lui paraissait venir de très loin. Le temps d'un éclair elle se rappela que Guillaume avait l'habitude de l'appeler souvent, à n'importe quelle heure. Elle ne se souvenait plus de sa voix. C'est une des premières choses qui s'échappent de la mémoire.

— A quelle heure prends-tu l'avion ? demanda-t-elle. Il fait beau à Paris ?

Appuyée contre le mur Jeanne regardait Elsa et lui faisait signe qu'elle voulait encore parler.

— Je te repasse Jeanne. Ne t'inquiète pas, je t'embrasse. Tu as tout ce qu'il te faut ? Oui, tout va bien. Reviens vite.

Il répondit : le plus vite possible.

Pendant que Jeanne parlait elle sortit et regarda vers le vallon : Puck et Thomas revenaient par le chemin le plus long. Elle s'aperçut qu'elle n'avait pas parlé du chien à François. On ne se dit rien au téléphone et plus on est ému moins on parle. Elle entendait Jeanne :

— Tu as trouvé la clé du bureau, tu as fait ta valise, la blanchisserie est ouverte ?

Que la nuit était lumineuse ! Le Scorpion scintillait à l'horizon du côté de la mer cachée par les collines. Antarès vibrait comme un cœur trop rapide. C'est la constellation préférée de Puck. Certains soirs, quand il avait faim et sommeil, pour passer le temps, il guettait son apparition en mangeant du raisin. Le scorpion qui ne pique pas, disait-il. Il en avait vu dans les livres et Elsa lui avait raconté que dans certains villages de France et d'Afrique du Nord les garçons les attrapent et les mettent au centre d'un cercle de feu. Le scorpion essaie de s'échapper et quand il comprend que c'est impossible il se suicide en s'enfonçant son dard dans le corps. De l'autre côté du ciel, Puck aimait aussi regarder le Dragon qui se faufilait entre les deux Ourses. Il le suivait étoile par étoile comme si vraiment un dragon rampait dans la nuit.

Ce soir Elsa l'appela et lui dit de venir voir le Scorpion si brillant, mais il ne répondit pas. Elle continua à regarder le ciel tandis que l'enfant allait de l'un à l'autre.

— On ne va pas laisser Médor là toute la nuit ? demanda-t-il à Thomas.

— Non, on ira le chercher après le dîner, je te le promets.

Puck monta près de Jeanne :

— Tu sais, Médor est mort.

Elle ne dit rien mais prit l'enfant contre elle :

— Raconte-moi, on ne m'a rien dit. Pourquoi est-ce que Thomas ne m'a rien dit ?

Puck répéta les paroles de Thomas :

— Il était très vieux et aveugle mais peut-être qu'il se serait fait écraser, même en y voyant, il n'avait jamais rien compris aux voitures. C'est Thomas qui l'a trouvé, il n'est pas blessé, il a dû avoir une fracture du crâne ou de la colonne vertébrale comme un coup de kung fu. Bruce Lee pouvait tuer très facilement sans laisser de traces, sans qu'on voie un seul coup.

L'enfant s'excitait, tout en parlant, il commença à mimer des scènes de *La fureur de vaincre ;* Jeanne machinalement mettait de l'ordre dans la chambre, allait du lit à l'armoire, de la table à la commode sans savoir

91

très bien ce qu'elle transportait. Puck continuait son histoire et mêlait Médor et le film.

— Tu marches tout le temps, tu ne m'écoutes pas.

— Si, je t'écoute.

Elle revint s'asseoir près de lui sur le lit, alors il parla à nouveau du chien :

— Il était né avant moi. Tu te rends compte il est né quand Antoine avait l'âge de Thomas et que Thomas avait mon âge, tu vois comme il était vieux. S'il n'était pas mort, bientôt il aurait fallu le tuer. Tu sais comment on tue les chiens ? On leur fait une piqûre et ils s'endorment.

— Oui, je sais, dit Jeanne.

— On peut le faire avec un fusil mais il faut savoir très bien viser pour être sûr de le tuer du premier coup et il faut qu'il ne tourne pas la tête.

Jeanne tout à coup se mit à pleurer. Elle s'allongea sur le lit et regarda la fenêtre ouverte et le dessin des mimosas dans la nuit, elle sentit l'odeur du chèvrefeuille. Puck vint contre elle et la consola.

Mais à son tour, subitement il s'arrêta de parler et on ne sait quelle pensée le déborda et bouscula sa raison et son goût du bonheur mais il éclata en sanglots. Les larmes silencieuses de Jeanne avaient entraîné les siennes. Ils se tinrent l'un contre l'autre serrés, embrassés.

— Ne pleure plus, dit Jeanne.

— Je ne le verrai plus jamais, dit-il.

Puis il se tut un long temps avant d'ajouter :

— Tout à l'heure je vais aller le chercher avec Thomas, on ira avec la moto et demain on l'enterrera, on lui fera une belle tombe.

— Vraiment, tu veux ?

— Oui et Thomas m'a dit d'accord.

Elsa appela tout le monde pour dîner, ce fut un repas silencieux, pour la première fois de l'été ils mangèrent dans la maison. Puck ne put avaler une bouchée, souvent il regardait Thomas.

— Je veux qu'on y aille, dit-il, sinon ils vont encore l'écraser.

— On y va.

Puck entoura de ses bras les hanches de Thomas et se serra contre lui. Ils prirent le chemin de terre, érodé par les pluies, encombré de pierres et de branches mortes.

Quand ils arrivèrent à la route Puck demanda :

— C'est où ?

— Plus haut sur la gauche au gros chêne-liège.

— Il y en a plusieurs.

— Celui avant le sentier.

— C'est tout prêt, alors ?

Un instant Thomas accéléra et l'enfant appuya le ventre et la tête contre son dos.

— C'est ici.

Il vira à gauche ; d'abord ils ne virent rien, le phare balaya les broussailles avant de se fixer : Médor était là. Thomas s'en approcha et le caressa.

— On peut le toucher ? demanda Puck.

Il se pencha, le regarda de tout près :

— Il est vraiment mort, il ne sent plus rien ! dit-il.

— Son cœur ne bat plus, pose ta main.

L'enfant hésita avant de donner sa main à Thomas.

— C'est où exactement son cœur ?

— Là, et il souleva la patte. On va le mettre sur la moto.

Thomas le prit et le déposa sur la selle. Les autos passaient dans les deux sens et un instant éclairaient l'enfant et l'adolescent au pied du chêne, chargeant le chien mort sur la moto noire et rouge. Ils marchèrent lentement sur le bas-côté de la route. Puck vit le grand œil blanc et une tique gonflée près de la truffe.

— Ses griffes sont très longues parce qu'il marchait très peu, il était si vieux, tu comprends ? dit-il.

Le corps du chien ballottait, il fallait le rattraper à tout instant. Puck ne craignait plus de le toucher, il serrait le collier pour maintenir la tête et de l'autre main appuyait dans les poils. Ils atteignirent tant bien que mal le chemin de terre et avancèrent encore pendant quelques mètres mais les secousses trop brutales firent basculer le corps que Puck n'eut pas la force de retenir.

— Il n'a rien senti, rien, dit-il comme pour se rassurer.

— On va laisser la moto et je vais le porter, dit Thomas.

En approchant de la maison, ils entendirent de la musique, ils ne regardèrent pas le ciel mais cependant peut-être que pour l'un d'eux, le souvenir qu'ils raconteront plus tard sera cette marche dans la nuit, le parfum des eucalyptus, la fugue de Bach que Thomas chantonne toute la journée et le ciel sans lune clouté de diamants. Un sentiment de paix et de sécurité les pénétra à mesure qu'ils se rapprochaient de la maison.

— On va le mettre dans le garage, dit Thomas.

— Oui, et on va chercher la moto.

En arrivant près de la moto, Thomas demanda à Puck s'il voulait faire une balade jusqu'aux Moulins de Paillas.

— Pas aujourd'hui, dit-il. On va aller voir si Médor n'a pas bougé et on l'enterrera demain.

Il montra un eucalyptus, seul au bout de la terrasse de terre battue :

— C'est très bien là, c'est près de la vigne, il y a de l'ombre et on peut le voir de la maison. Elsa sera d'accord.

Ils entrèrent dans la lumière de la maison. Jeanne et Elsa parlaient à voix basse, la musique emplissait la pièce. Puck demanda du papier et des couleurs. Il s'installa à la longue table, alluma la lampe et commença à dessiner. On entendait le frottement de ses crayons et celui du papier quand il le tournait. Il était complètement absorbé par son travail, il n'hésitait pas, il paraissait pressé comme si le dessin ne se faisait pas aussi vite que la vision qu'il en avait.

— Voilà, dit-il.

Le dessin avait des couleurs éclatantes : la maison orange, l'arbre vert, la route bleue, et au premier plan le chien marron-roux avec deux yeux immenses comme des monnaies-du-pape. Sur la route la voiture rouge.

— C'est elle qui l'a écrasé, dit-il.

Il n'y avait pas de ciel. Il signa et demanda la date à Elsa. Le 7 septembre, dit-elle. Elle lui dit que son dessin était très beau. Il en était fier et le montra à Jeanne. Il lui promit d'en faire un pour elle, le lendemain. Il ne le fit jamais. Il appela Thomas. Thomas était parti.

— Il est allé se balader et voir les filles, dit-il.

Il exigea que Jeanne ferme le garage.

— Tu comprends, il y a des renards, l'homme de la vigne me l'a dit, il a vu des terriers.

Il punaisa son dessin sur le mur en face de son lit.

II

Puck, pendant trois ou quatre jours, ne fut occupé que par la tombe de Médor. Dans les rochers et les calanques, il cherchait des coquillages et des cailloux blancs pour tracer le nom du chien. Aux quatre coins il plaça des pommes de pin, il voulut un arbre, Thomas l'aida à transplanter un pin parasol qui lui arrivait aux genoux. Il cueillait des fleurs sauvages, des petits œillets à cinq pétales, des lys des sables, des pois de senteur qu'il allait découvrir sur les sentiers de la mer ou dans le vallon.

— Ça me fait penser aux dessins à la craie que les hippies font sur le pont des Arts, avait dit Jeanne.

Puck ne connaissait pas. Quand il avait vu le chien mort il avait dit : « Maintenant il ne sent plus rien », mais à présent, qu'il était enfoui profondément dans la terre, il agissait comme si Médor voyait et savait tout. Il appelait Thomas :

— Dis, sa tête, elle est là ?

Thomas planta de petits repères : le museau, les pattes, le corps, la queue, et l'enfant chercha d'autres cailloux et d'autres coquillages pour dessiner le contour du chien ; une pierre où scintillaient des parcelles de mica devint la truffe, un coquillage bombé et blanc, l'œil, des aiguilles de pin figurèrent les longs poils hirsutes ou couchés.

Plusieurs fois par jour la tombe se transformait ou s'agrandissait. L'enfant coupa des bambous et les piqua sur le pourtour mais très rapidement cette première limite fut dépassée ; de chaque angle il fit partir en étoile une rangée de branches de mimosas des quatre saisons. Il apporta la gamelle et le bol pour l'eau, planta des fleurs coupées ; elles fanaient, il en repiquait d'autres. Il alla prendre dans sa chambre une peau de couleuvre qu'il gardait précieusement et la roula sur elle-même, puis en dégagea la tête qu'il plaça contre la pierre au mica :

— L'année passée, dit-il, tu te souviens,

Médor aboyait devant le mur où habitait la couleuvre et ça le fatiguait beaucoup parce qu'il était déjà vieux.

Oui, Elsa se souvenait.

Il captura deux ou trois geckos, les posa délicatement — il ne voulait pas cette fois leur rompre la queue — dans une boîte, couvercle bien fermé, qu'il plaça sur un petit tumulus.

— Je ne veux pas les tuer, disait-il, mais Médor aimait beaucoup les attraper.

Thomas le convainquit de changer de lézards deux fois par jour. Puck accepta la proposition et on le vit scruter les murs, un filet à papillons à la main, une boîte en fer près de lui et attendre patiemment l'apparition des geckos.

Il creusa des trous ou plutôt des tranchées peu profondes à la hauteur des pattes antérieures de Médor et y déversa une douzaine de sauterelles. Là encore il se référa au goût du chien qui toute sa vie avait joué à immobiliser les sauterelles bondissant autour de lui.

Médor avait aimé se coucher dans les lavandes, apparemment il en appréciait le parfum. Puck, avec le geste du paysan semant son grain, lança sur toute l'aire de la tombe des fleurs de lavandes égrenées, grises de sécheresse mais encore odorantes. Entre deux longues haies de bambous il jeta la carpette rouge où le chien avait l'habitude de dormir, elle devint un tapis d'honneur tendu vers la maison, comme s'il voulait maintenir ou créer une communication entre Médor et les habitants. Peut-être était-ce aussi qu'il aimait entendre parler, se savoir regardé, ne pas se sentir seul ; quelqu'un toujours se balançait dans un hamac, lisait dans un fauteuil ou écrivait à la table.

Quand Thomas tirait à la carabine, Puck s'arrêtait un instant, regardait si la cible avait été atteinte et lançait un « pas mal ! » puis reprenait son travail. Il n'apportait plus les balles et ne demandait pas à mettre l'œil dans le viseur.

Bernard et Charlotte étaient partis à l'improviste. Il avait demandé à sa fille si ça l'amuserait de remonter à Paris avec lui, en passant par l'Auvergne.

Charlotte avait rougi et poussé une sorte de cri noué :

— Et si maman n'est pas rentrée ?

— Tu viendras chez moi.

— Oh, oui !

Elle jubilait.

Un matin, on vint livrer le piano qu'on attendait depuis le début de l'été. Les déménageurs le placèrent dans le cabanon. Thomas en joua aussitôt et Elsa reconnut sur son visage le sourire radieux qu'il avait eu dans son enfance.

De ce jour, il ne descendit plus à la seule ville de la presqu'île, assaillie et assassinée par les touristes qui attendaient en deux files interminables, pares-chocs contre pare-chocs, de la pénétrer ou de la quitter.

L'été, cette année-là, semblait devoir être perpétuel. Les seuls signes de l'automne étaient le raccourcissement des jours et le mûrissement du raisin. Le pays retrouvait son âme, les vacanciers repartaient dans leurs voitures chargées de bagages. Les plages organisées, les loueurs de voiliers et de pédalos abandonnaient les lieux, et la plage redevenait cette longue et ininterrompue coulée de sable blond où venait mourir la mer. On attendait les tempêtes d'équinoxe mais l'été persévérait, entrait dans l'automne et s'y prolongeait.

Chaque jour se glissait dans sa nuit et

renaissait à l'aube et ainsi les journées se succédaient dans une sorte de calme joyeux.

C'est le matin. Il y a plus d'une semaine que François est parti.

Jeanne et Elsa sont étendues sur le vieux divan qu'on laisse l'été au pied du platane. Elles l'ont poussé jusqu'aux branchés extrêmes, les feuilles dessinent des taches d'ombre qui tremblent sur leurs corps au moindre frémissement du vent. Elles parlent ou lisent ou ferment les yeux. Dans le cabanon caché par la maison, Thomas joue, fenêtres ouvertes, et la musique se répand comme un parfum, jusqu'aux femmes.

Puck va et vient entre la tombe de Médor et le robinet que l'on appelle la fontaine, proche du divan, et qui apporte l'eau d'une source souterraine. L'enfant a dépiqué les fleurs fanées d'hier et les remplace par de nouvelles qu'il arrose.

— J'ai beaucoup de travail, dit-il, est-ce que vous ne pourriez pas m'aider ?

— Tout à l'heure, dit Elsa, on se repose.

— Tu te souviens de la grande balade au mois d'août ? On est allé jusqu'à la mer. C'était bon, j'étais épuisée.

Oui, ils s'étaient réveillés très tôt et s'étaient retrouvés dans le couloir, Jeanne avait proposé d'aller se promener, Puck dormait, on ne l'avait pas réveillé ; s'il était inquiet il irait frapper chez Thomas, c'est ainsi qu'il faisait quand il ne trouvait personne dans les chambres. Souvent ils montaient tôt au village pour éviter la cohue. Ils en rapportaient des fougasses et des petits pains au sucre pour Puck. L'enfant le savait et les attendait, s'il s'impatientait il allait trouver Thomas dans le cabanon. Ils étaient, ce matin-là, partis à trois. Il faisait si beau qu'ils avaient, à travers les collines, marché jusqu'à la mer. Ils s'étaient baignés à une heure où la plage est encore déserte.

— On a ri ! Je ne sais plus pourquoi mais j'avais mal à force de rire !

— A cause de Médor. Tu te souviens, nous ne nous étions pas aperçus qu'il nous suivait, il nous a rejoints quand nous étions déjà loin. Il savait qu'on ne l'emmenait plus en promenade, il était si fier de nous avoir roulés ! Nous avons dû nous arrêter plusieurs fois ; il s'étalait de tout son long, haletant, et nous mangions des pêches en attendant qu'il reprenne souffle.

Puck se rapproche, il s'assoit par terre et les femmes continuent :

— A la fin, François l'a pris sur ses épaules, il le tenait par les pattes, tu as dit qu'il ressemblait à l'homme portant le veau du musée de l'Acropole.

— Mais il lui ressemble vraiment ! Et Guillaume lui ressemblait quand il avait vingt ans, c'est une affaire de famille, si vous avez un fils il lui ressemblera peut-être.

Elsa se rappelle cette visite à l'Acropole avec l'ami grec mort depuis qui était resté appuyé sur sa canne devant le Moschophore et répétait : « Quelle beauté, quelle beauté ! » Au fond de la même salle se trouvait une Coré dont il était amoureux : « Regarde, disait-il, ce sourire lèvres jointes, le sourire ionique, mon peuple a fait des merveilles ! »

Elle repense au Moschophore ; oui, François exprime cette même force tranquille, il a ce regard très ouvert qui se pose avec gravité sur les choses et les êtres et contient à la fois une interrogation et une certitude.

— Un veau c'est plus lourd qu'un chien,

dit Puck, François ne pourrait pas porter un veau et Thomas non plus.

— Les hommes étaient très forts dans ce temps-là, sinon ils mouraient, dit Elsa.

— On a parlé politique et on n'était pas d'accord, remarque Jeanne.

— Pourquoi est-ce que l'homme portait le veau, parce qu'il était fatigué ? demande Puck.

— Non, il allait l'offrir en sacrifice à la déesse Athéna, explique Elsa.

— Ça veut dire quoi sacrifice ?

— Ça veut dire le tuer pour plaire aux dieux.

— Pour le manger ?

— On n'est jamais d'accord sur la politique, poursuit Jeanne, tu sais bien que tu fais partie de la génération des traumatisés.

Elsa la regarde, cherche une réponse qui ne vient pas, puis renonce et dit simplement :

— Comment ne pas l'être.

A la fin de la promenade, quand du haut de la dernière colline, la maison avait été en vue, François avait déposé Médor qui était parti à travers les broussailles ; ils avaient dit que l'année prochaine il ne serait sans doute plus là, et Jeanne avait ajouté :

— Tu porteras l'enfant, dans un an il sera déjà grand.

Puck est reparti. Tout d'un coup le ventre de Jeanne frémit, elle prend la main d'Elsa et la pose sur son corps.

— Il me bat, il me bat, dit-elle avec ravissement, et Elsa se souvient de ces coups de tête, de pied et de poing, de ces longs mouvements aquatiques.

Elle garde la main sur le ventre de Jeanne : la peau douce, chaude, dorée se soulève, on ne sait jamais où, comme un drap sous un coup de pied. Le mystère n'est pas loin, pense-t-elle, il est là à portée de main, parfois ce n'est pas un enfant mais une tumeur qui gagne du terrain jour et nuit, en silence, ou un corps que l'on voudrait caresser, ou encore un regard où l'opacité a remplacé la transparence... Des milliers d'années pour aboutir à la réunion de deux cellules et faire un être humain, unique et irremplaçable. Celui-ci vit déjà et donc il va vers la mort.

Avec sa main, Elsa suit les mouvements de l'enfant.

— Voilà, il s'est calmé, dit Jeanne. Je ne peux pas imaginer un accouchement, j'avais si peur même encore à seize ans, je me disais que jamais, jamais je n'aurais d'enfant, et maintenant je suis tout à fait tranquille. Mon corps va être vide, je vais me sentir seule.

— Quand est-ce que le facteur va venir, demande Puck. Je peux aller l'attendre sur la route ? Je connais son auto, elle est jaune.

— Quand on la verra descendre, on ira tout de suite, promet Elsa.

L'enfant s'installe au bord de la vigne et regarde passer les voitures.

— Il doit avoir envie d'une lettre de son père ou de sa mère, dit Jeanne.

Elsa a repris son livre, un épais volume vert, la correspondance de Rilke. Jeanne se lève, nue, superbe, elle fait quelques pas, Puck la surveille :

— Viens voir toutes les fleurs que je lui ai mises ce matin, elles sont chouettes.

Jeanne admire :

— Mais elles vont se faner au soleil, dit-elle.

— Ça ne fait rien, j'en mettrai d'autres, il y

en a plein. Tu veux qu'on cherche des lézards ?

— Je n'ai pas très envie.

— On peut toujours aller voir s'il y en a sur le mur.

— Attrape-moi un papillon plutôt.

— Médor ne s'intéressait pas du tout aux papillons. Alors on va attendre le facteur, je vais te chercher ta robe.

Il court, revient, Jeanne enfile sa robe.

— On va à la boîte aux lettres, crie-t-elle à Elsa.

— Il y aura peut-être une lettre de mon père, dit Puck, c'est le jour, lundi.

Cet air pour dire mon père, ma mère, mes parents !

Il y en a une, une immense carte postale en couleurs.

— C'est un portrait, dit Puck, je vais le mettre dans ma chambre.

Il ne pense pas à lire ce qui est écrit au dos.

— Tu ne veux pas que je t'aide à lire ?

— Regarde, quand j'appuie il miaule, il a des yeux qui bougent.

En rentrant ils s'arrêtent chez Thomas qui d'abord ne les entend pas, dès qu'il sent leur

112

présence il s'arrête de jouer. Jeanne ne l'a jamais vu ainsi, transfiguré, le visage vidé, les yeux allumés.

— Tu joues bien, dit-elle, on t'entend de là-bas.

— Je ne jouerai jamais bien, il est trop tard, répond-il.

Il se lève et les accompagne :

— Salut, ma mère !

— Salut, mon fils !

Thomas se cueille du raisin et Puck le suit en pressant, pour le faire miauler, le petit chat tigré aux yeux verts. Jeanne retrouve sa place près d'Elsa.

— Étrange, tu sais, le destin de Rilke et des roses : il dit à Benvenuta qu'à Venise en plein été il avait toujours des roses fraîches que la Duse aimait respirer quand elle venait le voir, il écrit des poèmes sur les roses et plus tard en en cueillant dans son jardin il se blesse à une épine et meurt quelques jours après. La blessure avait provoqué une nouvelle crise de leucémie.

Au bout des trois terrasses, au-delà du lit profond et étroit qu'on enjambe d'un saut, là, commencent les arbres et le maquis, encore qu'une des terrasses, avant cette limite, s'incline pour suivre la pente du vallon. Quelques hauts pins parasols y ont pris racine il y a près d'un demi-siècle, nés sans doute du plus beau d'entre eux, centenaire, qui se dresse un peu plus bas en bordure de la forêt. Deux écureuils, depuis le début de l'été, viennent chaque matin jouer entre les arbres. Ils se laissent tomber en vol plané depuis l'ombrelle verte des conifères jusqu'aux branches basses des chênes-lièges puis se poursuivent sur les troncs ou l'herbe jaunie, et l'on dirait deux courtes vagues rousses qui ne se briseraient jamais.

Puck tourne autour de Thomas et l'observe qui boit et mange les raisins à même la grappe comme un maïs. Il attend patiemment mais ne s'éloigne pas :

— Je vais préparer la carabine et tu vas tirer, dit-il.

Il commence à oublier Médor, pense Elsa.

— Vous allez chasser les écureuils, remarque Jeanne.

114

— Ils se cachent mais ils reviennent, ils savent bien qu'on ne veut pas les tuer, répond l'enfant.

Il montre sa carte postale à Thomas :

— C'est mon père qui l'a écrite, je reconnais son écriture mais il écrit très mal. Je peux lire sa signature, il épelle les lettres tracées en majuscules :

— A ENNE TÉ O I ENNE E, ANTOINE. C'est un mot difficile, dit-il, il ne s'écrit pas comme il se prononce.

Il s'arrête, réfléchit :

— Mon père est rentré à Paris.

Thomas regarde le timbre :

— C'est vrai, dit-il, il l'a postée le 15.

Jeanne regarde les deux garçons.

— Jeanne !

C'est Elsa qui l'appelle, elle lisait mais elle a décelé, subitement, une émotion chez Jeanne.

— Jeanne ! répète-t-elle.

— Je voudrais savoir ce qu'il pense, dit Jeanne. Je ne peux pas imaginer que plus tard, un jour, je ne saurai pas ce que pense mon enfant.

— Si c'était normal que les parents se séparent... Imagine une société où il serait normal que les parents ne vivent plus ensemble quand les enfants ont six ou sept ans, peut-être qu'ils ne souffriraient pas, en tout cas pas de la même façon.

— Où est Antoine ?

— Il a passé l'été en Grèce.

Thomas a entendu :

— Les filles, toutes des salopes, crie-t-il, des hameçons plein les poches, si on se laisse prendre on est foutu. A la baguette, il faut les mener à la baguette.

Les deux femmes se sourient.

— Et Catherine ?

— Au Mexique. Souvent leurs lettres arrivent le même jour... Puck ne dit rien mais il a tout compris. Peut-être qu'il ne veut pas savoir. Je n'ai pas le souvenir d'avoir été malheureuse de ne plus voir mon père, enfin je ne sais pas...

— Moi, c'était horrible, dit Jeanne, chaque fois horrible. Il venait me chercher le dimanche matin, il ne me parlait jamais de ma mère, j'aurais voulu qu'il m'en parle, qu'il m'en dise quelque chose, du bien ou du mal, savoir s'il l'avait aimée, j'attendais qu'il m'interroge sur la vie à la maison. Rien, il ne demandait rien et je n'osais rien dire.

Le dimanche j'étais prête bien avant l'heure, je le guettais derrière le rideau de ma chambre, ma mère le savait, elle entrait, sortait, faisait mon lit, mettait de l'ordre. Depuis le réveil elle était énervée, je la détestais. « Il a toujours été en retard », disait-elle, ou : « On voit que tu es bien lavée ! Mais comme tu te coiffes soigneusement le dimanche. » Je voulais ouvrir la fenêtre sous le prétexte de secouer la carpette mais elle prétendait avoir froid, être sur le point d'attraper un rhume. Je ne savais jamais s'il viendrait en voiture ou à pied. Il vivait avec une femme qui s'appelait Florence, parfois il lui laissait la voiture, peut-être qu'elle le déposait au coin de la rue. J'étais jalouse à mort et en même temps je voulais la connaître. En fait j'aurais voulu les voir ensemble, aller chez eux et être aimée par eux deux. Plus tard j'ai pensé que c'était par égard pour ma mère qu'il me tenait en dehors de sa vie.

« Il m'avait donné un bracelet en or qu'on appelait un esclave, j'adorais ce mot entre nous. Je ne le quittais jamais. Je l'avais fait souder, j'avais obligé ma mère à venir avec moi chez le bijoutier : « Ce n'est pas raisonnable, votre poignet va grossir », avait-il

117

dit, et ma mère avait répondu : « Oui, c'est un peu ridicule mais faites-le puisqu'elle le veut. » Il me l'avait offert pour mes onze ans, nous avions dîné au restaurant. A côté de notre table il y avait un long aquarium où nageaient des langoustes, nous dînions presque toujours avant de nous séparer. Un pianiste jouait mais il arrivait plus tard que nous. J'aurais voulu rester longtemps, écouter le piano pendant que mon père fumait, souvent il restait sans parler, il me souriait derrière la fumée de ses cigarettes, c'est lui qui m'a donné le goût du silence tendre, son regard m'apaisait. Je regardais les langoustes avancer lentement en déployant leurs pattes et en tâtonnant de leurs antennes comme un aveugle touche le trottoir et les murs avec sa canne blanche. Je savais qu'à un moment, en écrasant sa cigarette, mon père dirait : « Il faut s'en aller, se quitter ma chérie. » Pensait-il à Florence ou à ma mère ? »

Puck remonte du vallon, il est allé vérifier la cible.

— Il n'y a plus de carton, dit-il, je vais en prendre au garage.

Thomas regarde Jeanne nue au soleil,

dressée sur un coude. Il écoute les deux voix qui se parlent :

— Ce soir-là, il avait placé le petit paquet près de mon verre. Il m'avait dit : « Tu ne l'ouvriras qu'au dessert quand nous boirons du champagne. »

L'enfant apporte la carabine, les plombs.

— Tout est prêt, dit-il.

— Pas envie, dit Thomas.

— Fais-lui plaisir, insiste Elsa.

... Pour Elsa ce ne fut pas du tout ainsi. Elle n'aimait que sa mère. Sa grand-mère, sa mère, elle-même, trois générations de femmes, toutes enfants uniques. Non, son père n'avait pas eu une grande importance, elle en garde peu de souvenirs, plutôt des images, et encore elle ne sait si elles sont nées d'un souvenir véritable ou de quelques photos. Si. Un vrai souvenir : Elle est nue dans une salle de bains, son père est accroupi devant elle. Elle est enrhumée. Il lui dessine un grand animal sur la poitrine, un dragon dont les pattes s'étirent jusque sous les bras et encerclent ses bouts de seins. Elle veut un autre dragon sur le dos. L'odeur un peu âcre de la teinture d'iode, le chatouillement du pinceau sur sa peau suivi d'un picotement et d'une sensation de brûlure. Son père souffle délicatement pour atténuer l'irritation, elle le regarde faire.

Un autre souvenir : Ils sont dans la salle à manger, il fait sombre, c'est un rez-de-chaussée, des gens marchent dans la rue, on entend leurs pas. Autour de la table, ils sont assis sur des chaises très grandes, en cuir, bordées de clous de cuivre. Les coussins en laine que l'on met pour la hausser lui brûlent les fesses. Elle se tient mal, sa grand-mère la défend, son père se fâche et tourne sa chaise, le dossier contre la table. Elle est mise en quarantaine. La chaise est très profonde, seuls ses pieds et ses chevilles dépassent, elle entend les conversations derrière elle et devine les coups d'œil qu'on se lance dans son dos. Elle sera privée de dessert, du reste si on lui en avait proposé elle aurait dit qu'elle n'en avait pas envie.

Il y a le cirque aussi mais c'est plus tard. Les sorties du dimanche des enfants de divorcés. Elle aime être assise au premier rang, les clowns et les acrobates l'ennuient, elle attend les lions. Pendant l'entracte on monte les panneaux des hautes cages, le dresseur surveille le travail. L'orchestre

120

joue, les lumières changent — elle ne sait plus si elles s'allument ou au contraire s'éteignent —, on entend des rugissements ; les fauves arrivent par un long tunnel voûté, à claire-voie, on distingue leur forme à travers les barreaux ; de chaque côté des hommes armés de piques les surveillent et les forcent à avancer, ils débouchent sur la piste en poussant des feulements terrifiants. Le dresseur armé d'un long fouet et d'une cravache les attend et leur désigne des cubes où ils vont s'asseoir. Elsa respire l'odeur des fauves, elle regarde leurs dents, leurs yeux, leur sexe, les frissons qui parcourent leur pelage, son émotion et sa tension s'accroissent dans un mélange de douleur et de plaisir, elle éprouve une sensation de chaleur intense au ventre et aux cuisses qui s'alourdissent. Plus tard, dans la rue son père lui tient la main en la serrant fortement au point de lui faire mal mais elle ne dit rien, elle aime cette force silencieuse qui l'entraîne à travers les rues sombres. Elle rentre chez elle, va dans la chambre de sa mère et se serre dans le lit, contre son corps tiède ; elles s'embrassent puis elle va dormir.

Qu'elles furent longues les années de

divorce où elle passait des mois en province chez un oncle paternel, collectionneur de timbres. Durant des soirées entières il les plaçait minutieusement, avec une pince, dans de grands albums reliés ; parfois il levait les yeux sur elle et ce regard de porcelaine lisse et coupante la glaçait alors qu'elle aimait la douceur sombre, couleur de castor, des yeux de son père, ses longues paupières qui s'étiraient vers les tempes quand il les baissait et qu'elle reconnut plus tard dans les sculptures égyptiennes ou les miniatures persanes.

— Parfois mon père m'emmenait au cirque, dit-elle à haute voix. J'aimais les lions et les chevaux. Le contraire de mes goûts aujourd'hui. Je ne supporte plus le dressage des animaux. J'aime les acrobates et les clowns.

Puck rôde autour de la table, en attendant que Thomas se décide à prendre la carabine que l'enfant a déposée sur le muret. Il a l'oreille baladeuse :

— Mon père m'a emmené au cirque et j'ai vu un chat et des souris qui volaient dans le même avion et le chat ne mangeait pas les souris et j'ai vu un renard et des poules et

122

le renard s'entendait très bien avec elles.

— On avait tué leur instinct à force de répression, dit Elsa.

Puck hausse les épaules :

— Ils n'avaient pas l'air malheureux, dit-il.

Thomas se lève, d'un saut Puck le rejoint et s'agenouille près de lui pendant qu'il vise. Le premier coup les fait sursauter.

Elsa reprend :

— La souffrance, la peur, c'était quand j'étais séparée de ma mère.

— Moi, dit Jeanne, j'étais déchirée. Toujours. Quand ils sont morts à deux ans d'intervalle j'ai compris comme ma mère était heureuse de survivre à mon père, c'était sa première victoire. Elle était enfin seule sur la terre, je veux dire sans cette présence constante et invisible. Je crois qu'elle a respiré différemment après sa mort, elle était libérée. Je n'ai jamais osé lui en parler. On n'osait rien dire à ma mère, elle était l'éternelle blessée, la victime. Ne jamais être ma mère. Tu ne l'as pas connue, elle venait de mourir quand nous nous sommes rencontrées. Je ne peux pas oublier son regard, à la dérive, en perdition mais l'œil sec sans larmes. Mon père a dû être poursuivi comme moi par ce regard. Il ne montait jamais quand il venait me chercher, il m'attendait en bas, la tête levée vers ma fenêtre mais elle m'empêchait de l'ouvrir, elle voulait le contraindre à sonner et à être en face d'elle. Je sentais cette tension autour de moi, j'étais coincée entre eux. Je n'étais pas le centre de sa vie, j'étais une preuve, un appât, je ne veux pas dire qu'elle ne m'aimait pas mais je me suis toujours demandé si son corps n'avait pas été abîmé par ma naissance et si au fond d'elle-même elle ne me rendait pas responsable du détachement de mon père.

Elsa écoutait Jeanne et dans le même temps et pour ainsi dire dans un seul mouvement d'écoute et de regard, au-delà des hamacs vides et de la table encore servie, elle regardait les deux garçons : Thomas, un genou en terre, l'autre plié, a dressé la tête de profil vers Puck debout qui lui tend une balle, puis il s'écarte de l'enfant, s'accroupit et met l'œil dans le viseur. Elsa frissonne, une image la traverse : l'amour, la mort non. Pas la mort. Le coup de foudre comme une balle en plein cœur qui donnerait la vie. La mort revient, est-ce que celle d'un père ou d'une mère est moins déchirante pour l'enfant que le divorce ? Elle ne sait pas, elle ne posera pas la question.

— ... Je voyais au travers de ma mère, continue Jeanne, je voyais son cœur se contracter, ses muscles se durcir, battre son sang, je voyais même défiler dans sa mémoire des souvenirs que je n'avais pas vécus et qui venaient l'étouffer chaque fois que mon père approchait ou se manifestait ; une lettre, un coup de téléphone. Malgré moi je souffrais pour elle. Quand je rentrais le dimanche soir ou après des vacances, elle me tâtait, me flairait, elle cherchait sur moi une odeur, pas une traînée de tabac ou de savon, une odeur plus subtile que je portais à mon insu. Elle m'embrassait où il venait de m'embrasser et je savais que c'était lui, à travers moi, sa peau qu'elle cherchait, poursuivait en pressant ses lèvres sur ma joue ou mon front, et de même quand elle me caressait les cheveux, elle répétait un geste qu'il venait de faire. J'étais ce qui lui restait de lui et sans doute qu'elle m'aimait ou me rejetait suivant les ressemblances ou les dissemblances que je lui offrais et selon qu'elle fuyait ou recherchait leur présence.

— C'est drôle, dit Elsa, François n'a aimé que son père.

— C'est une des premières choses qu'il m'a dites. C'était tellement fort que je ne sais pas s'il aura jamais un ami.

Elsa se tut un moment, sembla réfléchir :

— Quand nous nous sommes aimés nous étions plus jeunes que vous, dit-elle. Après nous ne nous sommes plus vus, c'était impossible, physiquement impossible. On m'avait dit qu'il s'était marié puis qu'il avait eu un enfant. Un jour je l'ai rencontré place Saint-Sulpice devant la fontaine, François avait environ huit ans, il émiettait du pain et le donnait aux pigeons. C'est lui que j'ai vu d'abord et j'ai pensé « c'est le fils de Guillaume »... une ressemblance extraordinaire, totale. Dix ans plus tard, quand Guillaume est mort, il m'a téléphoné. Une voix d'homme : « Mon père est mort. Je crois que vous vous étiez aimés. » C'est sa mort qui nous a rapprochés. Entre-temps je l'avais aperçu quelques fois, toujours par hasard, à un arrêt d'autobus ou dans un cinéma. La première fois que j'ai vu François il a parlé sans interruption, tout ce qu'il avait à dire il l'a dit cette fois-là.

Elsa se souvient de cette impression d'ir-réalité et de vertige. Tandis qu'il parlait, à son visage se superposait celui de Guillaume et elle allait de l'un à l'autre, toute notion de chronologie et de temps brouil-lée. Avait-elle vingt ans et regardait-elle Guillaume ou était-ce François qui parlait en faisant les mêmes gestes, en jetant les mêmes coups d'œil que son père ? Comment pouvait-elle les confondre, ne plus savoir qui elle écoutait, à qui elle parlait ? Était-elle restée à ce point intacte, imper-méable aux événements ? L'amour, la mort de celui qu'elle aimait, la naissance de ses enfants, son métier, l'avaient-ils si peu marquée ? Mais elle lisait dans les yeux du jeune homme combien son visage et son corps avaient changé. Oui, trente ans s'étaient écoulés, plus d'une génération ! C'était une des premières fois qu'Elsa prenait cons-cience de son âge. Et malgré ce regard dif-férent de celui qu'avait eu pour elle Guil-laume, elle continuait à confondre les deux hommes et regardait François comme s'il était son père et qu'elle puisse enfin lui parler, oublier sa culpabilité, car pour elle le visage du fils était vierge, elle ne se sentait responsable d'aucune ride, d'aucun assombrissement du front ou de la bouche, d'aucune tristesse dans les yeux, elle perdait ses raisons d'être susceptible et de chercher derrière une phrase banale un sens caché. Guillaume était redevenu accessible comme au temps de leur amour. Mais tandis qu'elle écoutait, la réalité lui remontait à la gorge : non, ce n'était pas lui qui parlait, c'était François et s'il était là, devant elle, c'était précisément parce que Guillaume était mort. Plus jamais elle ne verrait son regard, elle n'entendrait sa voix. Il était trop tard.

— Oui, dit Jeanne, il y a des moments où tous les barrages tombent, on parle, on se dit tout... au début d'un amour, devant le danger de mort...

— Ou beaucoup moins grave que cela, un instant de confiance, d'abandon. Mais on ne dit jamais tout, ajouta-t-elle.

Parfois une feuille de platane tombe. Si elle se détache du haut de l'arbre, on l'entend rebondir sur d'autres feuilles avant de toucher le sol. Une se pose sur les cheveux de Jeanne ; presque la même couleur. Elsa la prend, la fait pivoter entre deux doigts, elle est sèche, déjà cassante, recroquevillée, piquetée de taches rousses et brunes. Pendant tant d'étés elle n'a pu supporter la chute des feuilles. A certaines heures, elle guettait le craquement presque imperceptible du pétiole se détachant de la branche, puis l'instant de silence, comme un arrêt de respiration avant les chutes successives de branche en branche, et ce frottement de la feuille tombante contre celles encore attachées, jusqu'au contact presque feutré avec la terre. Et il semblait alors à Elsa qu'elle était cette feuille ou que cette feuille était elle, et que du haut du rocher presque à pic au-dessus de la mer, c'était elle qui rebondissait au ralenti de pierre en pierre, chaque fois blessée, transpercée, les os broyés, la tête et la nuque offertes aux coups, et quand la feuille atterrissait avec tant de légèreté, ainsi qu'elle le constate aujourd'hui, c'était la mort brutale au pied de la roche de granit dressée, sur la surface unie de l'eau. Elle se demanda si elle avait jamais fait ce rêve ou si c'était une vision qui l'avait poursuivie à une période où l'idée de la mort avait failli la submerger.

— A la mort de son père, dit-elle, il m'a semblé que François ne souffrait pas, il a littéralement pris sa place, il s'est glissé en lui. Il est devenu Guillaume.

— Thomas a fait mouche, crie Puck.

— On tire encore trois fois et après c'est fini, dit Thomas.

Puck court jusqu'à l'arbre où est fixée la cible et revient en brandissant le carton qu'il montre aux femmes et elles rient.

— Vraiment, il a fait mouche, répète-t-il, je le garde.

Elsa regarde le soleil, son orbe n'est plus aussi haut et d'un coup elle réalise que l'automne vient. C'est la fin de l'été.

— On va commencer les vendanges, dit-elle.

Cette année après le long été heureux, elle reconnaît sans crainte la présence de l'automne, elle se laisse baigner dans sa douceur, et même l'hiver et le travail à reprendre bientôt lui paraissent aimables.

— On va se baigner ? demande Puck.

Jeanne sourit :

— Je me demande comment j'ai pu vivre sans François, dit-elle.

Elsa laisse résonner la phrase, elle est

là sous le platane et subitement autre part, où l'entraîne la résurgence des sensations. On ne sait pas ce qu'on peut supporter, pense-t-elle. Cette sagesse, cette résistance, cette faculté d'adaptation presque sans limite aussi longtemps que le corps n'est pas atteint... la patience, la force du recommencement, la persévérance, l'acharnement à vivre et à trouver de nouvelles raisons de vivre. Une force aussi fantastique que celle déployée pour expulser son enfant mais toute différente : patiente, déterminée, acceptant des arrêts et même des retours en arrière, quand le marais vous absorbe et se referme comme une fleur couchée dévoreuse, grasse et noire, et il devient presque voluptueux alors de se laisser ensevelir. Et le réveil, on ne sait pourquoi, un coup de téléphone, une chanson, un poème, une promenade... un grain de sable ou de sel qui a fait dévier la machine du désespoir, soudain on a des ailes et on survole le gouffre, on soulève la pierre, on se dégage de la vase...

— Deux miracles, poursuit Jeanne : que nous ayons pu vivre plus de vingt ans dans la même ville sans nous connaître et que nous nous soyons rencontrés. Ici.

Elsa compte les années. C'était un bel été pour elle. Volodia était là, il était reparti en septembre sans qu'elle en éprouve de tristesse tant la transparence était pure entre eux. Antoine, sa femme et Puck étaient repartis, Thomas apprenait l'anglais et le flirt en Angleterre, Elsa s'était retrouvée seule avec Jeanne qu'elle connaissait depuis quelques mois. Elle attendait l'arrivée de François, où était-il cette année-là, au Vietnam, au Chili ? Un septembre chaud et humide. Le matin même de l'arrivée de François, ils sont allés dans les rochers, les mêmes toujours — ils vont y partir bientôt puisque Puck veut absolument se baigner — dominés par la pierre de granit. François avait le corps blanc, le cou, les mains et le visage presque noirs. Il était parti nager très loin, Jeanne allongée sur le ventre, le menton appuyé sur ses mains, son livre ouvert abandonné, le regardait s'éloigner. Son immobilité avait frappé Elsa, rien en elle ne bougeait ou ne tressaillait sauf ses cheveux où passait le vent. « Il va revenir », avait-elle dit en riant. Jeanne n'avait pas réagi. Elle était entièrement concentrée sur cette tête sombre qui disparaissait par moments.

Une heure s'était écoulée dans le silence, Jeanne n'avait pas bougé et Elsa s'était dit que pendant cette heure, en quelques secondes sans doute, son amie venait de décider de sa vie. François était sorti de l'eau, le regard arrêté sur Jeanne et il s'était tenu debout, les pieds posés contre son épaule.

Thomas lit dans le hamac, Puck trace, avec un crayon sans pointe, dans la terre sablonneuse, au pied de la table, des rails et des bateaux. Il dit : « J'aime mieux les bateaux à moteur mais j'aime mieux dessiner les bateaux à voile. »

Pendant cet été, la presqu'île s'est faite île, on n'en voit pas les limites sauf du côté de la route où le défilement des voitures rappelle que c'est le temps des vacances.

A Paris, l'île était minuscule, au centre de la poupée gigogne — ville, rue, appartement, chambre, lit — elle n'apparaissait que la nuit ou à l'aube, elle était le cercle lumineux de la lampe éclairant le texte assez beau pour repousser l'étreinte de la ville ou, parfois, elle était la musique écoutée, et la lampe alors devenait inutile car le lieu n'avait pas besoin d'être circonscrit ; le son se coulait dans la nuit, brisait les limites de

133

la chambre et suffisait à faire surgir l'île refuge. Le vieux chien secoué de rêves dormait — il ne dormira plus — sur le lit, sa chaleur était bonne à sentir. Mais le téléphone sonnait, il fallait abandonner le livre ou la musique et écouter la voix de la femme en détresse :

— C'est toi ? Je n'ai pas dormi, j'ai eu tout le temps mal... une difficulté à respirer, une oppression. Le médecin veut faire une ponction, c'est la pleurésie qui repart. J'étais mal dans le Midi, il a plu comme jamais, je suis mieux ici. Là-bas j'avais froid jusqu'aux os... J'ai mal partout. Le médecin voudrait m'hospitaliser, il dit que ce serait plus facile pour les soins, on me suivrait plus attentivement, je serais surveillée mais je ne veux pas, l'hôpital c'est la mort. Je n'ai pas un cancer, j'ai une pleurésie. J'ai eu un cancer il y a dix ans... Ils m'ont brûlée avec leurs rayons, ça suffit. Ma mère ne prononçait jamais le mot cancer elle disait le laid mal. Il l'a tuée, elle ne l'a jamais su. Moi, je sais que j'ai eu un cancer, on me l'a dit, on m'a fait du radium, maintenant c'est une pleurésie, sinon ils me le diraient, c'est pour ça que je ne pose pas de questions... La cortisone m'avait fait

134

grossir, tu te souviens j'étais devenue mons-
trueuse. Et mes cheveux qui tombaient...
J'ai dit : plus de cortisone. Maintenant j'ai
maigri, un fil, comme j'étais à vingt ans, je
ne mange presque pas... je bouge si peu...
une fatigue inimaginable...

Elsa essayait de rester imperméable, elle
dressait un mur invisible mais étanche, elle
ne voulait pas imaginer la chambre sombre
qu'elle connaissait bien, où elle allait une ou
deux fois par semaine, et chaque fois trouvait au fond du lit un corps et un visage plus
amaigris, un regard plus échoué. Un
foulard de soie bleue cachait le front et les
cheveux. « Il te va bien ce foulard ! — Il est
bleu comme mes yeux, j'avais les yeux si
bleus, pas un bleu pâle ni un bleu de Delft,
un bleu de lapis-lazuli. » Elle prenait un
miroir et regardait ses yeux. « Ils sont
encore de ce bleu-là », disait Elsa. Elle
pensait : c'est la cornée qui a changé, elle
n'est plus blanche mais jaunâtre comme
l'écaille blonde, oui, j'ai eu un poudrier
ainsi, nous l'avions choisi à *La Maison de la
tortue,* sur les grands boulevards, pas loin
des Galeries Lafayette, le boulevard Hauss-
mann, non ? un quartier où je ne vais plus

jamais... ou comme une gelée trop pâle qui tremblote autour des œufs mollets... A côté du traiteur, la boucherie expose une tête de veau, ses paupières sont presques blanches, fermées... il a dû se débattre quand on l'a tué et avoir des yeux effrayés... On lui a mis un brin de persil dans la bouche, un autre sur l'oreille, comme une femme tient une cigarette entre ses lèvres ou une fleur à l'oreille...

— Tu arrives à lire ? demandait Elsa.

— Très peu, répondait la malade. La fatigue tu sais, une sorte de vertige presque permanent, ou je m'endors sans dormir vraiment ou j'oublie les mots au fur et à mesure que je les lis... je crois que mon cerveau a éclaté... une petite bombe atomique que personne n'a entendue, ni vu ni connu... moi seule... des poèmes très courts, ceux transcrits par Roubaud du chinois ou du japonais je ne sais plus, et puis Ungaretti mais en traduction, l'italien je ne peux plus, c'est un trop grand effort, puis ça me démolit... Les souvenirs, je n'ai plus que des souvenirs et encore !... Ils vont me refaire une radio... Je ne veux plus être opérée. Basta cosí.

— Une radio de quoi ?

— Je ne sais pas... La tête et les os de la jambe. Je traîne la patte, fatalement je ne marche plus du tout... Qu'ils fassent ce qu'ils veulent, je m'en fous, je ne veux pas souffrir c'est tout...

— Ta pleurésie t'a fatiguée beaucoup.

Elle ne répondait pas. Elsa attendait.

— Et le chien, disait-elle enfin, comment va-t-il ?

— Toujours pareil, quand on ne change rien à ses habitudes ça va mais il suffit de transporter une chaise et il se cogne et il devient nerveux et angoissé. Il dort beaucoup... sinon il est collé à moi... quand je suis étendue sur mon lit il passe à côté de moi sans me voir, il va me chercher dans la salle de bains puis il revient, il tourne la tête, et alors au moindre bruit que je fais avec la langue ou les doigts, il dresse les oreilles et remue la queue. Il se couche contre moi.

— Tu devrais le faire piquer.

— Je sais. C'est moins facile que je ne pensais. Quand tout est calme et qu'il est avec moi, il est heureux.

— C'est à voir.

Elsa regarde dormir Jeanne. Sa tête et ses

cheveux sont au soleil mais sur son corps l'ombre des feuilles a la fluidité de l'eau. On la dirait enveloppée d'un halo de bonheur. Parfois le sommeil révèle une tristesse, ou une angoisse enfouies que l'inconscience laisse apparaître mais Jeanne rayonne même dans l'abandon du sommeil, elle est un arbre en fleur animé de deux mouvements, sa propre respiration et les frémissements de son enfant. Avant de s'endormir elle a dit que jamais elle n'avait été aussi heureuse, et elle a ajouté :

— Tu as remarqué, quand on est le plus heureux on pense à la mort, ou c'est peut-être quand on est enceinte ?

— Je n'y pensais pas, a répondu Elsa.

Pas d'oiseaux à cette heure de la journée et presque pas de voitures sur la route. L'arbre à kakis a perdu ses feuilles mais ses fruits rougissent. Depuis l'orage, les lys roses sont sortis de terre, ils fleurissent n'importe où. Un est à portée de main d'Elsa. Thomas lit les dernières pages de la vie de Trotski. Par miracle Puck se tait et continue à dessiner ; les rails et les bateaux se multiplient, contournent le muret et se prolongent vers la tombe de Médor. Elsa ferme les yeux, renverse la tête et c'est comme si elle était bercée par la terre, une sensation douce, continue, à la limite du vertige, elle se sent entraînée en arrière, arquée, tête la première, visage et ventre vers le ciel. Ces quelques instants durent longtemps, elle ouvre les yeux et tout redevient immobile ; devant elle le ciel limpide, aussi plein d'étoiles que la nuit, pense-t-elle. Un moment juste, comme midi ou minuit, elle baigne dans la vie et sa vie, elle existe, tout et parcelle, passé, présent, futur rassemblés. Si rares les moments où la balance se tient en équilibre. Un temps d'arrêt, de suspension. Iront-elles se baigner aujourd'hui ? Elsa aimerait y aller après le coucher du soleil, à la plage plutôt, s'étendre dans le sable encore chaud, nager dans l'eau calmée, il y a déjà la lune, mais il fait tout à fait clair.

Jeanne n'a pas bougé, le soleil maintenant touche ses seins, Elsa chasse une guêpe qui vole au-dessus d'eux.

Et, la regardant dormir, elle pense à leur première rencontre. C'était un soir de novembre, elle était allée seule dans un théâtre de banlieue où l'on jouait *La Mouette*.

Dès la première scène de Nina elle avait remarqué la jeune comédienne presque inconnue dont elle avait lu le nom sur le programme ronéoté : Jeanne Delteil.

A la fin du spectacle elle avait tenu à la féliciter. La sympathie avait été immédiate. Jeanne avait faim, elles avaient trouvé un bistrot encore ouvert et Elsa avait apprécié avec quel solide appétit mangeait cette fille de vingt ans qui venait d'incarner la Nina la plus réelle qu'elle ait jamais vue ; elle s'était demandé quelle blessure l'avait déjà atteinte pour qu'elle soit ou paraisse aussi vulnérable. Pendant le repas Jeanne n'avait parlé que de son métier ; de sa vie personnelle, de ses sentiments elle n'avait soufflé mot : « Jouer Tchekhov est merveilleux, disait-elle, même si les critiques ne se dérangent pas pour voir un spectacle de banlieue monté avec peu de moyens et joué par des inconnus. »

Jeanne à cette époque-là était encore maigre, ses seins étaient à peine dessinés, son teint pâle faisait apparaître immenses ses yeux d'une couleur indéfinissable, entre le vert et le doré, et dont le regard, Elsa s'en souvient, frappait par un mélange d'interrogation presque craintive et une ardeur où

140

perçait par éclairs une passion sauvage.

Elsa l'avait reconduite jusque chez elle, dans le quartier d'Alésia ; au dernier moment Jeanne avait laissé échapper qu'elle cherchait un logement car les amis qui lui avaient prêté leur appartement revenaient après une absence d'un an. Spontanément, Elsa lui avait proposé de s'installer provisoirement chez elle et, sans réfléchir — elle le lui avait confié plus tard — Jeanne avait accepté.

Les branches du platane font maintenant ombre sur le divan, Jeanne continue à dormir, ses lèvres sont à peine entrouvertes. Et Elsa la revoit, ici même, sous le même arbre, sur le même lit il y a trois ans. Elles se connaissaient depuis dix mois, François était arrivé depuis quelques jours. Elle l'aimait déjà. Ce devait être l'heure de la sieste, le vent soufflait dans le platane, elles avaient mis des chandails. Jeanne pour la première fois avait parlé des années passées, sans doute parce qu'enfin elle en était libérée : plus jamais cette solitude-là, cette lutte pied à pied des débuts d'une jeune comédienne, ne reviendraient.

Ses phrases étaient courtes, parfois

hachées, coupées de longs silences qu'Elsa ne voulait interrompre. Jeanne connaissait la magie qu'exerçait sa voix mais elle n'en jouait pas, elle parlait d'une façon que certains auraient pu trouver monotone, sans accentuer aucun mot ; elle jetait ses phrases non pour expliquer mais pour éclairer une sensation, un instant, une impression. Et à mesure qu'elle racontait, Elsa voyait naître les images comme on voit se dessiner pièce par pièce un puzzle. Elle découvrait la tristesse d'une fin de spectacle quand la salle s'éteint après une représentation devant un public presque toujours clairsemé et que les acteurs se retrouvent, fatigués, découragés, dans une loge unique, qu'ils se démaquillent vite, quittent leurs vêtements de scène pour ceux de la ville, et chacun repart ; on s'embrasse, on se dit à demain, on prend un taxi si on peut se l'offrir ce jour-là, sinon on descend vers le dernier métro.

« Je n'oublierai jamais, disait Jeanne, comme j'entendais résonner mes pas devant la loge de la concierge, ni le bruit de la minuterie, le ronflement de l'ascenseur, la fermeture brutale de sa porte métallique, l'instant où j'introduisais la clé dans la serrure. Parfois je laissais la lumière allumée mais rien ne pouvait empêcher le silence. » Elsa imaginait Jeanne se déshabillant à nouveau, se lavant si elle en avait le courage, et entrant dans le lit défait entre les draps froids. « Je me promettais de le faire le lendemain pour que ma chambre la nuit suivante n'ait pas cet air d'abandon mais la plupart du temps le matin je m'en allais précipitamment, mal réveillée, et je laissais tout à vau-l'eau. » Elle disait encore : « Les jours où je ne travaillais pas, ou les nuits quand je n'étais pas trop fatiguée, je lisais une pièce que j'aurais aimé jouer, j'en avais travaillé des scènes au Conservatoire, et je savais qu'il y avait quatre-vingt-dix-neuf chances sur cent pour que je ne les joue jamais, tout au moins tant que j'avais l'âge du rôle. C'est pour ça que j'ai été folle de bonheur quand on m'a proposé *La Mouette*. Même avec une troupe inconnue, c'était formidable ! » Sa mère était morte pendant les répétitions et cette mort l'avait à peine touchée. Elle le racontait sans honte : « Pendant l'enterrement, je pensais à Nina. C'était plus fort que moi ! »

Elle avait aussi raconté les réveils tardifs

parce qu'on s'est couché tard. Les bruits de la rue et de l'immeuble, disait-elle, retentissent déjà, on se sent étranger, vivant à un autre rythme, un peu en dehors du coup.

A un moment donné, elle avait baissé la voix comme pour confier une pensée intime, et elle avait parlé des alternances d'espoir et de désespoir, de la présence constante de la passion et de la certitude qu'elle gardait au fond d'elle-même qu'elle était faite pour ce métier. « Je courais d'un producteur à l'autre, j'attendais pendant des heures dans les bureaux où les gens passaient et repassaient sans me voir, je faisais des essais, j'étais convoquée pour une audition. C'était harassant. Et cette attente après ! Le coup de téléphone qui ne vient pas, la lettre qui n'arrive jamais. » Et sa voix s'était faite dure pour parler de l'humiliation et de la panique du mois de juin quand on n'a aucun engagement pour l'automne. « Alors, disait-elle, j'abandonnais l'espoir du grand metteur en scène, du grand rôle et j'essayais de trouver du travail, n'importe lequel, simplement pour gagner ma vie et ne pas être au chômage. »

Elle n'avait pas parlé de sa vie amoureuse.

Pendant le temps où elles avaient habité ensemble, Elsa l'avait vue partir pour des week-ends, entendue rentrer au petit matin, donner des coups de téléphone. Rien de plus. « Rien d'important », avait-elle pensé.

Jeanne ouvre les yeux et rencontre le regard d'Elsa fixé sur elle.

— Qu'est-ce qu'il y a ? demande-t-elle.

— Rien. Je pensais à toi.

— Moi ? C'est-à-dire ?

— Je me disais que tout est venu en même temps pour toi, François, le succès. La loi des séries.

Jeanne sourit, respire profondément :

— Aujourd'hui, je fais mon enfant. Nous faisons notre enfant.

Thomas ferme son livre, s'étire :

— Les salauds ! dit-il. Je pars, je vais à la Bastide Blanche.

— Je veux aller avec toi, crie Puck.

— On viendra plus tard, disent ensemble les femmes.

Le soleil a tourné autour du platane, l'ombre est devenue fraîche. Jeanne se lève et part se promener, Elsa reste seule. Elle écoute *La Flûte enchantée,* l'air de Pamina, au début du deuxième acte. C'est le disque qu'ils ont usé cet été. La musique atteint directement ses nerfs, les rend sensibles comme s'ils étaient les cordes du violon ou de la voix. Elsa devient poreuse au souvenir qui se cristallise autour du chant.

Elle est à N. pendant la guerre avec Guillaume. Lotte Schoene est réfugiée dans la même ville, elle leur raconte les festivals de Salzbourg quand elle chantait *La Flûte* sous la direction de Bruno Walter : « J'ai d'abord été Pamina et plus tard la Reine de la nuit. » Parfois elle se met au piano et interprète un air, sa voix est extraordinairement fragile, au bord de la brisure et merveilleusement limpide. Elsa l'écoutant voyait une fine toile d'araignée perlée de rosée et vibrant dans l'air matinal. « Ma voix n'a jamais été puissante, dit Lotte, mais elle était assez pure pour dominer l'orchestre. J'ai toujours chanté même quand j'étais enfant, c'est si facile, il suffit de soulever le palais ! » Et elle suggère avec la main la forme de ce palais voûté, suspendu comme une cloche, puis elle presse son diaphragme et ses côtes : « Là, c'est la forge, dit-elle, il faut que la voie soit libre et laisse passer le son porté par la respiration. C'est tout à fait

146

naturel mais c'est beaucoup de travail, toute une vie, oui, donner sa vie. »

Des années plus tard, à Shanghai, Guillaume avait trouvé un vieux disque dépareillé, bien plus lourd que les disques d'aujourd'hui, un 78 tours de *La Voix de son Maître,* avec le macaron rouge et le chien qui écoute dans le pavillon du phonographe. C'était l'air de Pamina et chanté par Lotte Schoene. D'où venait-il et comment avait-il échoué dans un bric-à-brac de Shanghai ? Ils l'avaient écouté presque chaque jour, l'hiver dans le lit, l'été devant les fenêtres ouvertes sur la nuit de Nan-king. Ils habitaient le dernier étage d'une maison dans une rue où alternaient les constructions et les terrains vagues ou les champs. Dès le coucher du soleil des hommes à la démarche rapide et silencieuse apparaissaient, ils portaient aux deux bouts d'un balancier des seaux de bois qu'ils allaient renverser sur la terre cultivée et l'odeur d'engrais humain se répandait dans l'air.

Chaleur moite, effluves de fumier, voix de Lotte Schoene, Elsa, aujourd'hui encore, ne peut les dissocier.

Le disque est fini, Elsa le retourne, c'est la

dernière face, Pilar Lorengar chante Pamina.

Le soleil est en train de disparaître, il retire lentement sa traînée d'or des vignes et des cimes des pins parasols, et la lumière pour quelques instants encore a la même tendresse que la voix de Tamino et de Pamina. Après, le bleu de la nuit viendra. Fil du souvenir et du souvenir du souvenir, une fois tiré on ne sait jamais jusqu'où il vous mène : la dernière fois qu'elle a vu Guillaume c'était pendant l'hiver, dans la rue qu'elle habite. Il devait mourir au printemps. Elle rentrait de son travail, il remontait la rue en même temps qu'elle mais sur le trottoir opposé. Il s'arrêtait souvent et regardait les vitrines des libraires, elle avait ralenti pour rester un peu derrière lui, elle s'était demandé s'il l'avait vue et si les livres n'étaient qu'un prétexte pour l'attendre. Tant d'années qu'ils ne s'étaient réellement parlé. Et ils s'étaient aimés et fait souffrir presque à mort. Elle le regardait marcher, s'arrêter, se pencher contre les vitres. Pouvait-on avoir vécu peau à peau, lèvres et langues sur chaque parcelle du corps de l'autre, avoir partagé le même idéal et qu'il ne reste rien, que ce passé ne soit pas inscrit quelque part sur soi avec une encre invisible mais indélébile ? Non, nous sommes cruels et infidèles, tous, à tour de rôle et la plus grande tendresse peut toujours s'inverser en dureté. Il disait : « Un condamné à mort devrait hurler, se débattre, je suis contre la dignité. » Quand une vitrine éclairait son visage, Elsa découvrait ses traits un peu épaissis, les rides autour des yeux et sur les joues, et la masse presque noire des cheveux. Il repartait, traversait des zones d'ombre. Il s'était légèrement voûté, sa silhouette était devenue massive mais il avait gardé la même démarche et cette façon animale de humer l'air, de flairer le temps en avançant le menton et en rejetant la tête en arrière. Elsa commença à faire comme lui, elle le dépassa puis s'arrêta devant les magasins, ils alternèrent, tantôt l'un tantôt l'autre marchait en tête. Elle se dit que peut-être demain il lui téléphonerait pour lui dire qu'il croyait l'avoir vue ou, sans faire allusion à leur rencontre, pour parler de n'importe quoi. Subitement, elle ne le vit plus, il avait dû prendre une petite rue sur la droite alors qu'elle le devançait. Il ne téléphona jamais. Des mois plus tard, François appela, c'était pour annoncer que Guillaume était mort.

Elsa entend les pas de Jeanne, elle la regarde approcher et passer du soleil à l'ombre qui entoure déjà la maison. Elle dépose sur la table le panier plein de tomates, de courgettes et de figues.

— J'irai cueillir du basilic, dit Elsa. On pourrait aller à la plage.

— Oui, dit Jeanne, le vent est tout à fait tombé.

III

Un matin de septembre pareil aux autres.
Les questions : où va-t-on aujourd'hui ?
Dans les rochers, sur la plage ? A quelle
heure ? On emporte un pique-nique ou
seulement des fruits ?

Elsa et Jeanne se balancent chacune dans
un hamac, Puck flâne autour des lavandes,
parfois il se penche au-dessus des fleurs où
volent les petits papillons bleus tachetés de
roux qui ne vivent, dit-on, que dans l'air
pur, et avec une facilité déconcertante et une
douceur inattendue il en attrape un et le
garde entre ses mains jointes en prenant
soin de ne pas l'écraser ni enlever le
poudroiement de ses ailes. Il accourt vers les
femmes : « J'en ai un ! » Il ouvre les mains,
alternativement devant l'une et l'autre et
leur offre l'envol du papillon libéré.

Le téléphone sonne, Jeanne répond, Elsa à travers les feuillages voit changer son visage, son corps se plie, elle s'assoit, garde la bouche ouverte et aucun mot ne sort de ses lèvres. Le sang se retire de sa face, la peau semble suspendue aux os, tant les muscles en un instant se sont affaissés. Elsa s'est levée et a pris l'écouteur, un homme parle : « ...la nouvelle a été annoncée hier par une agence américaine, le Quai d'Orsay a téléphoné pour confirmer le décès. J'avais peur que vous n'ayez lu les journaux ou écouté la radio. Ils l'ont annoncé ce matin. Ça a dû arriver hier en fin de matinée, dans les faubourgs. Vous écoutez ? Allô, allô. » Elsa dit : « Nous écoutons. — J'ai cru qu'on nous avait coupé, dit l'homme, oui sans doute des combats d'arrière-garde. Nous n'avons aucune précision, aucun détail. Nous vous communiquerons tout ce que nous apprendrons. Nous vous tiendrons au courant. »

Jeanne ne bouge pas, elle garde les yeux fixes. Elsa prend les écouteurs et les repose. Elles s'étreignent. Le visage de Jeanne s'est couvert de plaques, de brefs gémissements sortent de sa gorge comme si elle vomissait des bulles d'air échappées du réseau serré de ses viscères. Puck vient vers elles :

— J'en ai attrapé deux d'un coup, dit-il.

— Va près de Thomas, va vite le réveiller, va vite, dit Elsa.

— Il ne sera pas content, il va m'engueuler, dit-il.

— Si,si, va vite, va lui apporter les papillons.

Elles font n'importe quoi, marchent devant la maison, reviennent sur leurs pas, pressent leurs doigts sur la table, serrent les mains contre leur poitrine, Jeanne s'empare des assiettes et des tasses et les porte à la cuisine, Elsa la suit machinalement avec le beurre et la confiture.

Maintenant Jeanne est étendue sur son lit, Elsa ne l'a pas quittée, sauf quelques instants pour dire la nouvelle à Thomas. Il n'a rien répondu, il est venu jusqu'au seuil de la chambre, il est resté debout dans l'encadrement de la porte à regarder le corps immobile et le visage fermé. Puck se tenait à ses côtés, la tête levée, une de ses mains agrippée au menton de Thomas pour l'obliger à baisser les yeux vers lui et il répétait :

155

— Qui l'a tué, dis-moi qui l'a tué ?

— On ne sait pas, on ne sait pas, murmurait Elsa.

Jeanne ne semblait pas entendre.

Elsa avait demandé à son fils d'emmener Puck et de s'occuper de lui. Les deux femmes étaient restées seules, hors du temps. Le téléphone avait sonné souvent, la nouvelle était donc connue. Jeanne ne voulut parler à personne, c'est Elsa qui chaque fois répondit. L'Agence ne rappela pas.

Les heures passaient sans qu'elles s'en rendent compte, parfois Elsa se levait, allait presser la main de Jeanne : « Tu ne veux pas boire ? » Elle faisait signe que non. Elsa aurait voulu parler mais elle n'osait interrompre le silence. Elles surent que c'était l'après-midi quand le soleil entra par la porte, la violence de la lumière fit se contracter le visage de Jeanne, Elsa ferma le volet de la porte.

A la fin de la journée, Monsieur C. et deux aides vinrent préparer le tracteur et la remorque qui transporteraient le raisin. Les vendanges devaient commencer le lendemain. Par la fenêtre ouverte ils virent Elsa et

156

la saluèrent avec une gravité inhabituelle : ils savaient. Puck était avec eux et les aidait à déposer les seaux et les paniers au départ de chaque rangée de vignes. Elsa entendait leurs voix changer de lieux, celle de l'enfant, grave, se détachait avec netteté de celles des hommes, et de plus loin lui parvenait, très clair mais interrompu quand des voitures trop bruyantes passaient sur la route, le son du piano. C'était l'heure où, quotidiennement, Thomas jouait le prélude et la fugue numéro 45 en *si* bémol majeur. Avant l'arrivée de son piano, il l'écoutait sur un disque devenu introuvable, joué par Edwin Fischer. Il s'asseyait en travers du divan, le dos appuyé au mur, la partition à côté de lui, une planche posée sur les cuisses en guise de clavier et tout en jouant sur les touches imaginaires il chantait les différentes voix.

Plus tard, Elsa s'est levée et a marché jusqu'à la fenêtre, de là elle voit le cabanon ; Thomas n'a pas allumé, le passant pourrait croire les deux maisons inhabitées. C'est l'heure entre chien et loup où Médor aimait se promener, mais dès que l'approche de la nuit se précisait il s'inquiétait, plus encore depuis qu'il était aveugle, et il se tournait alors vers le vallon déjà obscur et lançait des aboiements espacés et réguliers comme s'il attendait une réponse.

Les hommes et l'enfant continuent à passer et repasser autour de la maison. Leurs voix auraient dû être bonnes à entendre, apaisantes, mais ce soir elles n'empêchent ni le poids de la solitude ni la présence de la mort.

« Mort celui que j'ai aimé, mort Guillaume, mort François et déjà peut-être enseveli, enterré, là à quelques mètres, le vieux chien. Jamais je ne m'y habituerai, jamais je n'arriverai à trouver la mort naturelle, jamais », se disait Elsa. Le monde lui paraissait un immense cimetière où quelques vivants marchent sur les morts innombrables, et la pensée que toute vie — le corps et le cœur, l'œil et le regard, la lèvre et le sourire — retourne à la terre pour y être absorbée et transformée, lui était, ce soir, à nouveau insupportable.

Le piano s'arrêta, Thomas apparut, il portait un panier de raisin et venait vers la chambre. Il s'assit par terre contre le sommier : « Je voudrais que tu manges », dit-il, et il glissa un à un les grains entre les

158

lèvres de Jeanne. Elle sembla revenir en elle-même, dévisagea Thomas et, presque en même temps, éclata en sanglots. Il ne bougea pas, attendit, sécha les larmes puis recommença à tenter de la nourrir. Elle finit par avaler quelques grains.

Elsa passa la nuit près de Jeanne, nuit blanche dans les ténèbres. Jeanne respirait à peine, irrégulièrement, en émettant de petits bruits quand elle avalait sa salive, passait la langue sur ses lèvres ou encore retenait sa respiration avant un soupir qui ressemblait à un gémissement. Son corps gardait l'immobilité d'un gisant, seules ses mains bougeaient et parfois entraînaient l'agitation des bras qui pendant quelques instants semblaient battre l'air ou une eau invisible avant de retomber inertes sur le drap. Plusieurs fois Elsa s'approcha d'elle, lui caressa les cheveux, embrassa sa main. Elle est ailleurs, pensa-t-elle, en chute libre dans l'horreur, dans un espace sans fond où rien ni personne ne peut l'accompagner. Dans la nuit Jeanne demanda d'allumer la lampe, Elsa découvrit un visage presque méconnaissable, chargé d'épouvante. Elle lui donna à boire, en lui soutenant la tête et en penchant le verre. « Merci », dit-elle et elle retomba sur les oreillers ; quelques minutes plus tard elle ajouta, et il semblait qu'une longue pensée souterraine apparaissait ainsi au jour et devenait paroles : « Je voudrais le voir... où est-il... où l'ont-ils mis... pas lui... je veux rentrer. »

Elles étaient seules dans la maison, cette nuit-là Puck dormit dans le cabanon. Il était revenu voir Jeanne le soir mais devant son silence il avait pris peur.

La nuit passait goutte à goutte. Il faisait encore noir quand on entendit les cris rauques des pies et leur vol brutal vers les vignes. Le sommeil prit Elsa à la nuque, elle ne put rien contre lui. « Dors », lui dit Jeanne. Elle venait de fermer les yeux quand l'aube commença à descendre, et elle s'enfonça dans l'inconscient en emportant les paroles de Jeanne : « Hier à cette heure-ci il était mort et j'étais heureuse. »

Ce furent les vendangeurs qui la réveillèrent, le soleil était encore derrière la colline. Jeanne tenait les yeux fixés sur Elsa :

— Je veux partir, dit-elle, je veux aller au Quai d'Orsay et peut-être obtenir d'aller là-bas. On va téléphoner à l'Agence.

— Prends un bain, fais un effort pour avaler quelque chose et après je ferai tout ce que tu voudras.

Elsa la lava comme un enfant. Jeanne en moins de vingt-quatre heures, malgré son ventre rond, sa chevelure et sa peau cuivrées, était redevenue la Nina de *La Mouette,* perdue, à la dérive, quand elle revient chez Sorine après la mort de son enfant et l'abandon de Trigorine. Elle se laissait faire, tendait une jambe, un bras, relevait ses cheveux pour dégager la nuque et les épaules.

— On va téléphoner à l'Agence, répéta-t-elle.

Elle ne dit rien d'autre. Elle paraissait presque endormie mais, en lui rinçant le visage, Elsa s'aperçut qu'elle pleurait, elle fit semblant de ne pas le voir. Après un moment elle commença à parler, on aurait dit qu'elle s'adressait à elle-même, les mots coulaient aussi doucement que les larmes. Elsa alla ouvrir la fenêtre, et la tiédeur du matin entra dans la salle de bains. Dans le vallon le tracteur avançait au ralenti et récoltait les paniers pleins, au pied des chênes-lièges les chevaux essayaient de trou-

ver une herbe encore verte. Elsa vint s'asseoir sur le rebord de la baignoire, Jeanne
poursuivait son monologue :

— Je ne sais pas, disait-elle, je ne sais pas...
est-ce que je l'ai rendu heureux. Il y a en
lui... Non. Il y avait...

Elle s'arrêta :

— Il faut dire, il y avait, dit-elle.

Elle reprit :

— Il y avait en lui quelque chose d'inac-
cessible qui surgissait d'un coup, malgré lui,
il prenait de la distance, ses yeux, ses gestes
changeaient, il se forçait à rire, il semblait
me dire : « Laisse-moi, je reviendrai. »
C'était comme si subitement il éprouvait
d'une façon insupportable l'imperfection de
la condition humaine... Un jour je lui ai
dit : « On dirait que tu crois au péché origi-
nel. » Il n'a pas répondu, il m'a regardée.
Dans ces moments-là il paraissait envahi par
une sorte de tristesse biologique, je veux
dire que même l'amour ne pouvait le déli-
vrer. Je le laissais, j'étais prudente dans mes
paroles mais parfois j'avais envie de fuir, je
sentais sa tristesse déteindre sur moi, je ne
voulais pas. Il savait que je savais, nous
gardions la connivence... Nous cherchions

162

la perfection et nous l'atteignions parfois. Depuis près d'un an cette tristesse n'était plus revenue, je pensais qu'elle ne reviendrait peut-être plus jamais.

Elsa l'écoutait prononcer ces paroles d'une voix blanche, égale, ainsi que l'on énonce des évidences : « La terre tourne autour du soleil » ou : « Il faut manger pour vivre. » Et tandis qu'elle parlait, Elsa voyait François mort, défiguré, un cadavre comme on en montre chaque jour à la télévision, un jeune homme étalé face au soleil ou le visage contre la terre ou le macadam, le sang répandu autour de lui, les appareils photos éparpillés ou déjà volés par des enfants qui jouaient à la guerre et à mourir.

Le tracteur remontait lentement du vallon vers la route, un cheval hennit, un coup de feu éclata au loin sur la crête de la colline, la porte du cabanon s'ouvrit et Puck cria : « Bonjour, je vais faire les vendanges ! » Thomas commença à jouer.

— C'est samedi, dit Elsa.

Elle venait de s'en rendre compte. Le samedi et le dimanche étaient les jours des chasseurs.

Jeanne regardait l'eau baisser autour de

son corps et découvrir peu à peu son ventre :

— Je veux rentrer, dit-elle.

— D'accord, on partira demain matin. Lundi nous serons à Paris.

Jeanne se mit debout et Elsa l'aspergea d'eau fraîche puis l'essuya et lui tendit une robe. Elle était redevenue silencieuse, elles descendirent ensemble l'escalier et pénétrèrent dans l'ombre du rez-de-chaussée, elles en aimaient la fraîcheur mais aujourd'hui il leur parut lugubre.

— J'ai envie de retourner dans ma chambre, dit Jeanne.

Elsa la poussa presque dehors :

— Il faut que tu sortes, que tu te lèves.

— Je ne sais pas si je vais être courageuse, murmura-t-elle.

Elles s'assirent de chaque côté de la table, sur les deux bancs de pierre. Jeanne regarda autour d'elle.

— Ne bouge pas, je vais tout préparer, dit Elsa.

Là-haut le tracteur passait sur la route, il revenait de la coopérative, Puck à côté du chauffeur faisait de grands signes mais Jeanne ne les vit pas, son esprit était occupé

164

par les coups de feu et le hurlement des chiens encouragés par les chasseurs. Elsa revint :

— Ils poursuivent un sanglier, dit-elle, on a vu ses traces dans les vignes de Battini.

Jeanne se leva et voulut rentrer ; au même instant Thomas arriva, elles ne l'avaient pas entendu approcher, il obligea Jeanne à se rasseoir, garda un moment les mains sur ses épaules :

— Je vais cueillir du muscat avant qu'ils ne coupent tout, dit-il.

Et il partit vers la vigne du haut.

Pendant qu'elles furent seules, elles ne parlèrent pas, chacune guettait les coups de feu mais ce furent d'autres bruits qu'elles entendirent : la tasse d'Elsa reposée sur la table, le thé qui passe dans sa gorge, le pain broyé, les voix des vendangeurs, les efforts du tracteur, les pas des chasseurs qui débouchent sur la route et rappellent leurs chiens.

— Je voudrais que tu manges, dit Elsa.

Une guêpe vola au-dessus de la confiture d'abricots, Elsa la chassa, regarda Jeanne, si raide en face d'elle et le souvenir la prit, un souvenir en or.

Tout était en or ce jour-là : les cheveux, la

peau, le regard de Jeanne, sa robe saumo-
née déteinte par le soleil, les fruits dans la
bassine de cuivre, la cuiller de bois avec
laquelle Jeanne brassait les abricots brûlants
pendant que François disposait les pots de
verre, le soleil d'après-midi qui se coulait
dans la cuisine à travers le chèvrefeuille, et
même la voix de Pamina et Tamino ;
Thomas chantait avec eux, il était assis sur
l'escalier, le dos dans les lavandes à côté du
chien. Puck tenait un bol et demandait de la
confiture à Jeanne, « Ne te brûle pas, disait-
elle », elle soufflait pour la refroidir et lui en
versait une cuillerée, et l'enfant se faufilait,
montait les escaliers pour s'asseoir près de
Thomas. Une double colonne de fourmis
allait de la fin des marches jusqu'aux lavandes, Puck posait en appât son bol vide et
attendait l'arrivée des insectes, dès qu'ils
étaient assez nombreux, il versait de l'eau :
« C'est con, disait Thomas, tu les nourris et
puis tu les tues, laisse-les tranquilles. — Elles
ne se noient pas, elles savent nager », affir-
mait Puck. Il les regardait se débattre et
suivant son humeur vidait l'eau ou les laissait mourir. « Vraiment c'est con », répétait
Thomas. Puck s'était fâché : « Il y a des

166

fourmis qui piquent, il faut les tuer. Vous
tuez bien les frelons ! — C'est pas la même
chose ! »

Il y avait eu tant de frelons au mois d'août
qu'ils avaient installé un piège, un flacon
plein d'eau sucrée avec en plus du sucre en
poudre répandu sur les bords. Les frelons
venaient s'y jeter et parfois leurs bourdon-
nements résonnaient longtemps. Le pot
s'était empli de cadavres sur lesquels les
frelons encore vivants prenaient appui. Elsa,
de sa chambre, entendait ce vol bruyant et
en était tourmentée, elle hésitait à se lever
mais essayait d'être logique : pas question
de ne pas les tuer mais le faire vite. Ridicule,
se disait-elle, de penser à la mort d'un
frelon détestable avec tout ce qui se passe
dans le monde.

— Une piqûre de frelon c'est dangereux et
ça fait très mal, avait-elle expliqué à Puck.

— Mal comme quoi ?

— Comme une brûlure au fer rouge.

— Tu as été brûlée avec un fer rouge ?

— Non.

Et Puck interrogeait chacun :

— Tu as été brûlé avec un fer rouge ?

— Non.

Non, personne ne l'avait été. Il avait recommencé son interrogatoire :

— Tu as été piqué par un frelon ?

Non, personne n'avait été piqué. Si, avait dit Elsa, Médor l'a été et il a hurlé et puis gémi pendant plus d'une heure, nous avons cru qu'il allait mourir. Thomas avait presque ton âge...

— Où est-ce qu'il a été piqué ?

— A la patte.

Puck était allé chercher Médor et l'avait ramené en le tenant par le collier. Elsa lui avait montré l'endroit.

— On ne voit plus rien, avait dit l'enfant.

— Mais c'est arrivé il y a si longtemps ! Tu n'étais pas né. Antoine ne connaissait même pas Catherine.

— Quand même on n'a pas dû lui couper la patte. Ce n'était pas tellement grave.

A la fin Thomas lui avait dit :

— Ta gueule, laisse-moi écouter la musique et va mettre ta main dans le pot, fais-toi piquer comme ça tu sauras.

Puck avait haussé les épaules, avait paru hésiter et s'était jeté dans là colère et les sanglots :

— Tu veux que j'aie mal. Personne ne

m'aime ici... Je pourrais mourir si j'étais piqué. Je veux voir mes parents.

Par bonheur un frelon était venu voler près de lui et il s'était précipité dans les bras d'Elsa. Ils étaient partis tous les deux se coucher dans le grand hamac. Puck s'était endormi aussitôt.

Plus tard tous s'étaient assis sur les escaliers à attendre la nuit. Longtemps le ciel était resté clair. « La nuit monte, elle ne descend pas », avait constaté Elsa.

— Je te ferai de la confiture de figues avec des noix, avait dit Jeanne à François avec une gravité de déclaration d'amour.

Thomas revint portant les grappes de muscat noir ou blanc qu'il passa sous l'eau de la fontaine avant de les déposer devant Jeanne. Le souvenir de ce jour où même les frelons avaient la beauté de l'or s'effaça et Elsa sourit à Thomas, ou plutôt le regarda avec tant de tendresse que l'on ne pouvait départager la part d'amour de celle de la peine. Elle sentit leur connivence hors des mots. Il écoutait et regardait Jeanne qui fixait les raisins et répétait : « Ce n'est pas possible, pas possible. » Ils ne disaient rien, c'est elle qui continua :

— Je me répète ce n'est pas vrai, ce n'est pas vrai, je le dis jusqu'à ce que je me bute contre un mur et alors je répète le contraire : il est mort, il est mort, il est mort, mais il y a un moment où ça devient tellement insupportable que je recommence à dire : ce n'est pas vrai.

Comme une lame passa dans la mémoire d'Elsa sa première nuit de malheur dans une chambre d'hôpital. Les murs étaient blancs, brillants ; pendant toute la nuit elle s'était adressée à eux, elle les voyait bouger, s'effondrer ou avancer et venir l'étouffer, et elle répétait ce n'est pas vrai, il ne va pas mourir, ce n'est pas possible. Lui, à côté, dormait.

— Nous partons demain matin, dit Elsa. Tu restes ou tu viens avec nous ?

— Je viens avec vous, répondit-il.

— Je voudrais écouter la radio, dit Jeanne.

— Je l'ai écoutée. Ils n'ont rien dit. Ils annoncent que les combats ont cessé.

— C'est ce qu'ils prétendent, dit Elsa.

Le téléphone sonna. Ce ne pouvait être l'Agence, elle était fermée le samedi. Jeanne répéta qu'elle ne voulait parler avec personne. Ils décidèrent de ne pas répondre.

— Je vous suivrai à moto, continua Thomas.

Plusieurs coups de feu éclatèrent encore. Jeanne se leva, elle tremblait, elle partit comme on fuit, Thomas la suivit, Elsa pensa qu'ils s'arrêteraient peut-être au cabanon. Thomas le proposa en effet mais Jeanne lui dit qu'elle était incapable d'entendre de la musique. Ce fut un matin sans piano et sans disque, le premier de la saison. Ils restèrent un instant devant le vallon, la prairie descendait jusqu'aux vignes. Puck à ce moment-là courait vers le lavoir, il y but un peu d'eau courante et emplit une bouteille qu'il apporta à deux vendangeurs. Thomas ne les connaissait pas, ils paraissaient avoir son âge. C'était la première année qu'il assistait aux vendanges ; jusque-là — sauf quand il était un enfant — la rentrée scolaire l'avait toujours obligé à partir avant qu'elles commencent.

Elsa porta les fauteuils dans le garage ; en passant elle remarqua les deux silhouettes de dos, immobiles, Jeanne se tenait les reins.

Chaque année le départ de septembre était un arrachement qui commençait avec les premiers rangements et augmentait jusqu'à l'instant ultime où Elsa abaissait la manette du compteur électrique — un bruit de couperet —, après, elle traversait le rez-de-chaussée en s'éclairant avec une lampe de poche, fermait la porte derrière elle, tournait la clé et allait vers la voiture ; ses jambes devenaient deux lames de ciseaux qui en se croisant la coupaient de l'été.

Aujourd'hui il n'y avait pas de place pour la nostalgie. Il fallait faire des choses précises, elle les faisait. Sa pensée voyageait dans la mort mais cette fois avec une sorte d'irréalité, peut-être parce qu'elle n'avait pas vu le corps de François.

Elle passa plusieurs heures à mettre de l'ordre dans la maison : elle compta le linge sale, secoua et plia les couvertures, emplit des paniers, entassa des vêtements et des livres dans les valises. Dans la cuisine, elle vida le frigidaire et le nettoya en même temps que la cuisinière. Après elle balaya. Plusieurs fois elle monta voir Jeanne, Thomas était assis contre la fenêtre. Elsa fut frappée par ses yeux, ils avaient un regard qu'elle n'y avait jamais vu. Jeanne se plaignit de douleurs, Elsa lui recommanda de ne pas bouger ; elle viendrait faire sa valise plus tard.

Qu'allait faire Jeanne ? se demanda-t-elle. Entreprendre ce voyage, s'installer chez elle ou rentrer directement dans l'appartement vide ?

Dehors Elsa dépendit les hamacs et recouvrit la table d'une housse en matière plastique. Vers midi elle se rappela qu'il fallait rentrer la boîte aux lettres, c'était un des gestes rituels du départ. Elle y trouva une lettre de Volodia, postée au Mexique, et la lut sur le chemin en revenant. Elle était brève et tendre : il avait pu s'arranger pour passer une semaine avec elle avant de rejoindre Genève où il devait prendre part à une conférence internationale à partir du 1er octobre. Il arriverait le 21 ou le 22 et lui téléphonerait de Nice ou de Marseille pour qu'elle vienne l'y chercher.

Le 21 c'était lundi. Elle réalisa immédiatement qu'elle ne le verrait pas. Mais son cœur avait battu plus vite, c'était cela l'important. En approchant de la maison, elle vit Thomas qui la regardait par la fenêtre.

Quand Jeanne perdit les eaux, ils décidèrent de partir pour l'hôpital. C'était trois
semaines avant la date prévue pour l'accou-
chement.

Puck s'était endormi très tôt, épuisé par
les vendanges, Thomas le porta jusqu'à la
voiture et l'étendit sur le siège arrière sans
qu'il se réveille. Dix kilomètres les sépa-
raient de la ville. Thomas prit sa moto.
Pendant le trajet Jeanne eut plusieurs
contractions qui la firent gémir ; entre
chacune d'elles elle restait inerte, silencieuse, comme séparée de son corps. Quand
elles atteignirent la plaine elle demanda
qu'on s'arrête. Elsa rangea la voiture près
d'une serre où l'on cultivait les roses. La
mer n'était pas loin mais rien ne révélait sa
présence, ni l'odeur ni le bruit des vagues.
On ne distinguait que des vignes et quelques
maisons éparpillées d'où filtraient des
lumières. Thomas vint voir ce qui se
passait ; il entendit Jeanne se plaindre, ne
l'approcha pas mais questionna sa mère.
« C'est normal ? » demanda-t-il. Elle ne sut
que dire.

L'hôpital se trouvait à l'entrée de la ville, il se composait de plusieurs petits bâtiments séparés par des chemins et des bouts de jardin. Elsa n'y était jamais entrée. Elle s'arrêta devant la porte où était écrit « URGENCES ». Une ambulance venait d'arriver, on en descendait un blessé étendu sur une civière, il passa près d'Elsa pendant qu'elle aidait Jeanne à sortir ; il n'avait pas vingt ans et secouait la tête en criant. Deux ou trois personnes attendaient devant le guichet d'admission ; des chaises étaient alignées contre le mur devant l'escalier et l'ascenseur, Jeanne s'affala sur l'une d'elles, à quelques mètres le jeune blessé continuait à crier, il ne paraissait pas conscient et prononçait des mots incompréhensibles accordés aux balancements de sa tête, puis un nom se détacha : « Janet ». Il le répéta pendant plusieurs minutes en le rythmant avec la régularité d'un balancier d'horloge : « Djanet, Djanet, Djanet, Djanet, Djanet. » Il s'arrêta quand il fut à bout de souffle. Au guichet, devant Elsa, le gendarme donnait le nom du blessé et vitupérait ces jeunes fous de motocyclistes. « Ce pourrait être Thomas », pensa Elsa. C'est elle qui lui avait

175

offert sa moto — une 350 dont il rêvait —, après le bac, il y a presque trois mois maintenant. Il n'avait pas encore tout à fait l'âge de passer son permis et pendant près d'un mois, à Paris, il l'avait gardée dans sa chambre, à égale distance de son lit et de sa table, contre le mur, de façon à la voir tout le temps. Souvent Elsa l'avait trouvé allongé, les bras croisés derrière la tête, écoutant de la musique et contemplant le bel objet qu'il attendait de chevaucher.

Elsa regardait le jeune Américain venu peut-être mourir dans ce petit hôpital au bord de la Méditerranée, et, au-delà, dans la même trajectoire, elle observait Jeanne cambrée sur sa chaise, la tête rejetée en arrière, les mains crispées sur ses reins, les mâchoires serrées. Alors elle pensa à François tué pendant qu'elles étaient ici, heureuses, flânant entre le soleil et l'ombre, la forêt et la mer.

Quand l'inscription fut faite, Elsa revint près de Jeanne et lui proposa de faire quelques pas dehors en attendant qu'on l'appelle. Thomas serait rassuré de les voir, dit-elle ; il était resté près de la voiture. Mais Jeanne était trop fatiguée et préféra ne pas bouger ; Elsa s'assit près d'elle et lui prit les mains. Quand une contraction arriva, sans réfléchir elle commença à respirer comme on le lui avait enseigné pour ses propres accouchements, Jeanne se laissa entraîner, l'imita pendant quelques minutes, puis redevint passive. Elle paraissait exténuée, loin d'elle-même. Une infirmière vint la chercher, elle se laissa emmener.

Le jeune homme attendait toujours sur son chariot, il ne bougeait plus la tête, ses yeux étaient fermés et il gémissait à chaque expiration.

Elsa rejoignit Thomas. Puck dormait paisiblement.

— Quand va-t-elle accoucher ? demanda Thomas.

— Je ne sais pas. Pourquoi ne rentres-tu pas à la maison ?

— Je ne suis pas fatigué, dit-il.

Elsa regarda son fils et, comme ce matin, le trouva changé.

— François appartenait à un parti ? demanda-t-il.

— Non, je ne crois pas, dit-elle. Guillaume avait été longtemps au P.C. Il l'avait quitté en 56.

— C'était quoi en 56 ?

— La Hongrie.

— Mais il militait ?

— A sa façon, oui.

Elle lui raconta comment un soir il était
venu la voir à l'improviste. C'était après la
mort de Guillaume, il ne connaissait pas
encore Jeanne. Il paraissait en plein désar-
roi. Aucun parti, disait-il, ne le satisfaisait et
cependant il voulait agir, être utile. Il
travaillait déjà comme photographe pour
un hebdomadaire ; il le quitta, se fit enga-
ger dans une agence de presse et demanda à
être envoyé là où on se battait. Il portait
toujours la photo de Capa sur lui.

Elsa s'était assise en face de Thomas ;
c'était la première fois depuis bien longtemps qu'il lui posait des questions.

— Et Jeanne, elle est inscrite à un parti ?

— Jeanne, oui, au P.C. Elle dit que ce n'est
plus pareil. François n'a jamais voulu, sans
doute à cause de l'expérience de Guillaume.
Ils ont eu, paraît-il, des discussions interminables sur ce sujet. Les parents de Jeanne ne
s'occupaient pas de politique.

Thomas regardait le ciel, puis il baissa la
tête :

178

— Je suis un salaud, dit-il.

Ses lèvres tremblaient.

— Je vais changer de vie complètement.

— Tu n'es pas un salaud, tu n'as rien d'un salaud, rien.

C'était une nuit sans lune, elle distinguait à peine le visage de son fils.

— Je ne connais personne de moins salaud que toi, dit-elle encore.

Elle ne tenta aucun geste vers lui tant elle craignait qu'il se rétracte et regrette de s'être laissé aller. Parfois une voiture passait et éclairait la façade blanche et les lauriers-roses. Au zénith le Cygne scintillait, ailes ouvertes dans le bleu de nuit sans fond, à la lisière de la Voie lactée.

— Va près de Jeanne, dit-il, je reste ici.

Elsa rentra dans l'hôpital, le jeune blessé n'était plus là, elle interrogea un infirmier qui passait : le chirurgien venait d'arriver, on prenait des radios pour localiser les fractures, on craignait une hémorragie interne. On lui annonça que Jeanne avait été admise dans le service de maternité.

C'était une chambre à deux lits ; la voisine de Jeanne venait d'accoucher, son mari était près d'elle, le nouveau-né dormait.

Jeanne gardait les yeux fermés. Elsa repartit aussitôt à la recherche d'une infirmière ou d'une surveillante, mais ne trouva personne et dut redescendre. Le couloir et le hall d'entrée étaient déserts, les chaises vides brillaient sous le néon. Derrière le guichet, l'employée écoutait Radio-Monte-Carlo, Elsa alla vers elle et lui dit qu'il fallait absolument changer Jeanne de chambre, elle lui en donna les raisons. La femme écoutait, elle avait même baissé la radio pour mieux entendre. « Il n'y a pas une seule chambre libre, répondit-elle, il y a eu plusieurs accouchements aujourd'hui et vous êtes arrivées à l'improviste. Encore une chance d'avoir trouvé un lit ! » Elle parlait avec l'accent du Midi : « Quel malheur pour une jeune femme ! Est-ce que son mari était jeune ? Vous êtes d'ici ? » Elsa s'efforçait de rester calme et courtoise. « Et vous ? » interrogea-t-elle à son tour. « Moi, j'habite dans les collines, vers La Garde-Freinet, vous connaissez ? » Et elle parla des abeilles qu'elle élevait, des récoltes de châtaignes et des vendanges qui devaient commencer dans deux jours : il faisait plus frais là-haut qu'au bord de la mer. Elle était contente d'avoir quelqu'un avec qui bavarder. Elsa imaginait Jeanne, les yeux clos, écoutant parler le couple heureux. « Je vous en prie, insista-t-elle, faites quelque chose, changez-la de service. » Ce n'était malheureusement pas possible ; l'employée l'expliqua avec amabilité : « On ne peut pas la mettre en chirurgie, ni par exemple en réanimation. Nous avons eu des noyés presque chaque jour cette saison, les étrangers viennent, ils ne connaissent rien à la mer et ils partent en bateau ou ils vont nager très loin et il faut aller les chercher. Parfois ils arrivent trop tard, on ne peut plus les réanimer. Il y a eu beaucoup de suicides aussi. C'est extraordi-naire ! Les jeunes gens des villes viennent se suicider ici ! » Elle n'arrêtait pas de parler, Elsa l'interrompit et lui demanda où elle pourrait trouver le médecin. La femme lui indiqua par où il sortirait quand l'accou-chement en cours serait terminé.

Elsa alla chercher Thomas pour que Jeanne ne soit pas seule. Il était presque onze heures quand le médecin apparut. Il avait examiné Jeanne, pour le moment il fallait attendre. Il avait remarqué un état psychique anormal. Elsa se sentit immédia-

181

tement en confiance, elle lui raconta toute l'histoire, l'état de choc de son amie. « Elle n'a plus envie de vivre », dit-elle avec une certaine exaltation. Et tout en parlant elle se rendit compte qu'elle avait vécu ces dernières trente-six heures dans la crainte constante que Jeanne meure, elle ne savait pas de quelle façon, peut-être simplement en partant sur la route et en marchant jusqu'à ce qu'elle tombe ou en disparaissant dans les collines boisées, encore inhabitées où seuls les chasseurs et leurs chiens s'aventurent pour traquer le gibier. Le médecin chercha à la rassurer : ces états de choc passaient, il fallait franchir le moment critique, Jeanne n'était pas en danger, quand elle verrait son enfant et le tiendrait dans ses bras, elle réagirait comme toutes les mères. Elsa n'en n'était pas convaincue mais n'osa pas le dire. Est-ce que pour toutes les femmes l'amour maternel est immédiat, inné ? Le serait-il pour Jeanne ? Le médecin promit qu'il la ferait entrer dans la salle de travail dès que ce serait possible.

Ce fut une nuit interminable baignée dans l'irréel, rythmée par la souffrance de Jeanne tantôt stagnante, tantôt aiguë.

Thomas était redescendu bouleversé par ce qu'il avait vu. La jeune accouchée dormait, on lui avait repris son enfant après le départ de son mari. Jeanne se débattait comme un animal pris au piège, ses plaintes étaient presque ininterrompues et souvent devenaient des cris. Elle était couverte de sueur ; Elsa fit une tresse de ses cheveux, essuya son corps et son visage. Pas une fois elle n'ouvrit les yeux ; elle se tenait murée dans sa nuit, derrière ses paupières de fer, et répondait aux paroles par un mouvement des lèvres. Elsa avait rapproché deux chaises pour s'étendre mais pas un instant elle ne put dormir. Une infirmière vint plusieurs fois ; elle allumait la lumière, regardait Jeanne, prenait son pouls, lui faisait une piqûre et repartait sans avoir parlé.

Vers deux heures on la transporta dans la salle de travail. Dès qu'elle eut quitté la chambre, Elsa se laissa tomber sur le lit et s'endormit d'un sommeil sans rêve venu la saisir si brutalement qu'elle n'eut pas le temps de penser. Thomas, en bas, resta éveillé et remit toute la vie en question.

Au petit matin, le médecin décida de faire une césarienne. Depuis plusieurs heures, en

183

dépit d'une perfusion qui aurait dû provo-
quer une progression de la dilatation, le
travail ne se faisait plus : Jeanne s'épuisait et
souffrait pour rien. Le médecin attendait un
signe pour prendre sa décision, quand il
constata un ralentissement des battements
de cœur de l'enfant, il n'hésita plus. Il fit
prévenir Elsa.

Pendant l'opération Thomas et sa mère
partirent sur la route. C'était la première
fois de l'été qu'Elsa se promenait au lever
du jour. Elle grelottait de froid et de fatigue.
La campagne commençait à quelques dizai-
nes de mètres de l'hôpital.

— C'est long une césarienne ? s'informa
Thomas.

— Je ne crois pas, mais le temps qu'on la
ramène ça fera au moins une heure, dit-elle.

Thomas regardait le macadam, juste
devant lui, quand il voyait un caillou, il le
poussait à coups de pied. Ils prirent un
chemin de terre entre deux vignobles, une
partie du raisin avait été cueillie. La plupart
des villas étaient déjà fermées.

— Si j'aimais une femme et qu'elle meure,
je me tuerais. Immédiatement. Sinon, on ne
le fait pas.

Elsa ne trouva rien à répondre, au même âge elle aurait tenu le même langage. Il avait peut-être raison. Le paysage — vignes et ciel — s'effaça et un souvenir éblouissant prit sa place. Elsa le regarde et l'écoute comme un tableau et la musique d'une voix :

Il va jusqu'au berceau et reste immobile, la tête penchée, le regard sur l'enfant, il le découvre et le regarde dormir, puis se penche, avance la main et caresse la courbe de la joue et celle de l'oreille. L'enfant dort, on l'entend respirer, il lui prend la main, l'étend sur la sienne, détaille les ongles parfaits, il la retourne et examine la paume où sont inscrites trois lignes. Il garde la main dans la sienne, regarde, regarde encore, se penche à nouveau et caresse la cuisse découverte et le mollet dont la peau a la douceur d'un pétale.

Son regard enveloppe le nouveau-né, puis s'en détache, il marche lentement vers la fenêtre, écarte le voilage, Elsa entend passer les gens et les voitures. Il se retourne et la regarde, étendue, il vient s'asseoir à ses pieds : « Nous avons un enfant, j'ai un enfant. Notre enfant est au monde. » Il répète ces mots plusieurs fois comme dans un état de rêve ou de béatitude. Et se tait. Que c'est loin ! pense Elsa, presque une autre vie.

— Il faut retourner à l'hôpital, dit Thomas.

Ils firent demi-tour. Quelle heure pouvait-il être, six heures ? Sept heures ? Le soleil n'était pas encore levé, il devait apparaître du côté de la mer.

Puck continuait à dormir mais bientôt ce serait le moment où il avait l'habitude de s'éveiller ; il ne lisait pas encore assez couramment pour qu'on lui laisse un mot. Ils s'assirent sur un banc qu'ils n'avaient pas remarqué jusque-là. La route s'animait, des camions chargés de femmes et d'hommes passèrent, des filles et des garçons aussi, à pied, en blue-jean, portant des guitares et des sacs ; les vendanges continuaient.

— Dans combien de jours est-ce qu'on pourra rentrer à Paris ? demanda Thomas.

Subitement, Elsa réalisa qu'elle verrait Volodia.

— Je ne sais pas, dix ou quinze jours, le médecin le dira.

Ils montèrent à la chambre, Jeanne n'y

était pas encore. Près d'une demi-heure s'écoula avant qu'ils entendent le ronflement de l'ascenseur et le roulement du chariot. Une infirmière entra, le nouveau-né dans les bras : « C'est un garçon ! » dit-elle en le déposant dans le berceau.

Jeanne dormait encore, on la glissa dans le lit. Elle était paisible et très belle. Thomas s'approcha de l'enfant, fit une moue et dit : « C'est marrant ! Je n'en avais encore jamais vu. » Elsa s'assit sur une chaise, près du lit. Il s'appellera Jean, pensa-t-elle, c'est ce qu'ils avaient décidé si c'était un garçon.

Elle écouta les deux respirations et attendit que Jeanne se réveille.

DU MÊME AUTEUR

Aux Éditions Gallimard

GÉRARD PHILIPE (en collaboration avec Claude Roy).

SPIRALE, *récit.*

ICI, LÀ-BAS, AILLEURS, *roman.*

LA DEMEURE DU SILENCE (Entretiens avec Eva Ruch-paul).

UN ÉTÉ PRÈS DE LA MER, *roman.*

L'ÉCLAT DE LA LUMIÈRE (Entretiens avec Marie-Hélène Vieira da Silva et Arpad Szenes).

PROMENADE À XIAN, *récit.*

LES RÉSONANCES DE L'AMOUR, *roman.*

*Impression Bussière à Saint-Amand (Cher),
le 10 juin 1986.
Dépôt légal : juin 1986.
1er dépôt légal dans la collection : novembre 1979.
Numéro d'imprimeur : 1708.*
ISBN 2-07-037152-2./Imprimé en France.

38450